Ganz besonders bedanke ich mich bei Meister Nobuyoshi Tamura,
der uns erlaubt hat, sein Buch in deutscher Fassung herauszugeben.
Es war uns ein großes Anliegen,
die Originalität dieses Buches zu bewahren und weiterzugeben.

Dieter Jöbstl, Aikido Shumeikan Wien Dojo, im Mai 2000

T. Deshimaru
Der unvollendete Kreis repräsentiert die endlose Kraft der Leere

TAMURA NOBUYOSHI

AIKIDO
ETIKETTE UND WEITERGABE
HANDBUCH FÜR DEN GEBRAUCH DES LEHRERS

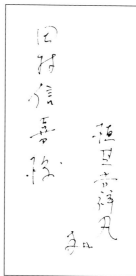

▲ Aikikai in Tokyo 1989
▶ *Kalligraphie: „Ueshiba Kisshomaru an Tamura Nobuyoshi"*

VORWORT

Das japanische Budo ist ein aus der großen kulturellen Tradition Japans erwachsender Zweig. Heute gehört er nicht mehr nur dem japanischen Volk. Er ist einhellig als ein Teil des gemeinsamen Erbes der Menschheit anerkannt.

Innerhalb des Budo veranschaulicht das Aikido in seiner modernen Form eben das Essentielle der Tradition. Aikido hat sich, einem eigenständigen Weg folgend, entwickelt, um eine gehobene Haltung des menschlichen Bewusstseins zu fördern, im Gegensatz zu den modernen Budo-Arten wie Judo oder Karatedo, die den Wettkampf hervorheben.

Hier nun veröffentlicht einer der hervorragendsten Aikido-Shihan der Welt, Tamura Nobuyoshi, ein Werk, dem Herzen*) und der Etikette gewidmet, bestimmt für alle Trainierenden, die seine Lehre empfangen. Dieses Buch kommt gerade zur rechten Zeit, um denjenigen zu antworten, die sich über das innerste Wesen des Menschen Fragen stellen und sich speziell für Aikido interessieren.

Tamura war direkter Schüler des Aikido-Gründers: Ueshiba Morihei. Er ist ein Shihan, der mit Leidenschaft an meiner Seite gearbeitet hat. Er ist also ganz und gar durchdrungen vom Wesentlichen des Aikido, von dem, was sein Herz ist. Die Etikette ist der direkte Ausdruck des Herzen.

Ich bin überzeugt, dass das von Sensei Tamura veröffentlichte Werk ein von Herzen kommendes Buch ist, voller Stärke, weil von Aikido durchdrungen; es ist nicht nur für Aikido-Trainierende bestimmt, sondern auch für Menschen mit Herz, für die das Lesen äußerst erbaulich sein wird. Mein größter Wunsch ist, dass jeder es liest.

Ich wünsche diesem Werk von ganzem Herzen die beste Zukunft.

Aikido Hombu Dojo. Februar 1989
Aikidoshu Ueshiba Kisshomaru

---

*) Herz, in japanisch „Kokoro" ist im „klassischen" Sinn des Wortes zu verstehen.

Anm. der Übersetzer: Das Japanische kennt keine Unterscheidung des Wortgeschlechts und so werden im Folgenden alle japanischen Begriffe im Deutschen als Neutrum wiedergeben.

Landschaft im Schnee von Osawa Kisaburo

Unser Körper: Der Baum der Erleuchtung.
Unser Herz: ein glänzender Spiegel.
Ohne Unterlass muß man sie putzen
Damit sie rein von jedem Staub sind!
Shen Hsuin

Es gibt keinen Baum der Erleuchtung.
Wo würde der glänzende Spiegel funkeln?
Die wahre Natur ist vom Ursprung her rein und klar,
wie hätte sie durch Staub befleckt werden können?
Huei Neng

Aus: Gespräch mit Huei Neng, Verlag Albin Michel

VORWORT

Osawa Shihan

Nach einer Unterredung mit Osawa Kisaburo Sensei, Technischer Direktor des Zaidan Hojin Aikikai, Sekai Aikido So Hombu.

— Sensei, könnten Sie uns sagen, welchen Einfluss Zen auf Ihr Aikido gehabt hat? Zum anderen, würden Sie akzeptieren, ein Vorwort für das nächste Buch von Tamura Sensei zu verfassen?

— Ich übe mich im Soto-Zen. Ich war Schüler von Sawaki Kôdô Roshi, dem Meister von Deshimaru Roshi. Soto-Zen ist nicht das Streben nach Satori, nach Erleuchtung... Es ist sich ganz einfach hinsetzen, sagte er. Klar und durchsichtig sein wie ein Spiegel, der alle Aspekte der Welt reflektiert, ohne zu versuchen, irgend etwas festzuhalten, noch es zu beeinflussen.

Je klarer der Spiegel, desto weniger bleibt hängen. Das ist Mu-sho-toku, Kernbegriff des Soto-Zen. Wenn der Spiegel nicht vollkommen klar ist, verwandelt er die Welt, die er empfängt.

Auch in unserem Geist hängt sich die kleinste Spur des Ego an die Welt an und versucht, sie zu ergreifen, um sie sich zu eigen zu machen und erstarren zu lassen. Ich versuche, Aikido zu trainieren, ohne Bindungen, so wie ein Spiegel.

Die Bindung erzeugt den Geist des Kampfes; Aikido aber ist eine Suche nach der wahren Freiheit, eine Suche, die ausgeführt wird, indem man den Körper knetet wie ein guter Bäcker sein Brot, und nicht eine Methode der Zerstörung. Die Freiheit des Spiegels findet sich im Aikido.

Wenn es also einen Spiegel zu polieren gibt, sollen wir ganz sicher Aikido in diesem Sinne trainieren, indem wir uns gegenseitig bei dieser Aufgabe behilflich sind. Deshalb ist es paradox, Aikido anhand eines Buches zu übermitteln, denn ein Buch ist kein Spiegel, es ist ein Ausdruck des Ego, der das Spiegelbild der Welt fixieren möchte.

Sie bitten mich zu schreiben, aber man kann nichts mit Geschriebenem fixieren!

Versuchen Sie vielmehr, meine Worte aufzuzeichnen...

Osawa Sensei hat uns also die Verantwortung überlassen, die Rolle unsauberer Spiegel zu spielen.

S. BENEDETTI

N. Tamura, Saint-Maximin 1985
Kumitachi

INHALTSVERZEICHNIS

	Seite
1. VORWORT	5
2. VORWORT	7
INHALTSVERZEICHNIS	9
EINLEITUNG	10
DER LEHRER	13

Leidenschaft
Mit den Schülern eine Einheit bilden
Feingefühl
Das Positive entwickeln
Dankbarkeit
Ein Ideal vorgeben und Selbstvertrauen vermitteln
Ein gutes Verhältnis und
gemeinsames Suchen unter den Lehrern

ZIELSETZUNG DER LEHRE	19

Entwicklung des Körpers
Lehren aus dem Bujutsu
Geistiger Aspekt
Etikette
Das Prinzip des Aikido
und seine alltägliche Anwendung

LEHRMETHODE	23

Das Lehren der Technik
Haltung des Lehrers
Ablauffolge eines Unterrichts
Geistiger und seelischer Aspekt der Lehre
Gemeinsam Fortschritte machen

Im Herzen dankbar sein
Etikette und Disziplin
Gruß stehend: Ritsu Rei
Gruß sitzend: Za Rei
Aufteilung des Dojo

ORTE UND METHODEN DES TRAININGS	53
DAS VERHÄLTNIS ZU ANDEREN KAMPFKÜNSTEN	65
DIE REINIGUNG	77
DIE ANFÄNGER	81
DIE GRADUIERUNGEN	95
DIE PRÜFUNGEN	93

Die Prüfungskommission
Verhaltensweise während der Prüfungen
Verhaltensweise eines Kandidaten,
der eine Dan-Prüfung abgelegt hat

VORFÜHRUNGEN	103
DIE AUSRÜSTUNG	111

Keikogi • Keiko obi • Keiko bakama
Jo • Tanto • Bokken • Katana • Iaito

DIE LEHRE VON MORIHEI UESHIBA	137
DER DRACHENKÖNIG	142
NACHWORT	143

EINLEITUNG

Das japanische Wort *Shido* kann mit Leiten, Hinführen, Lenken, Zeigen, Lehren, übersetzt werden.
SHI (指) : Finger. Dieses Schriftzeichen setzt sich aus den Elementen Hand (手), Löffel (匕) und Mund (曰) zusammen.
Es bedeutet die Hand, die die köstliche Nahrung zum Munde führt, also auch die Finger.
DO (導) : Die Aussprache dieses Schriftzeichens ist die Gleiche wie das Do (道) in Aikido, Judo usw… Aber es schreibt sich, indem man ihm das Element Hand hinzufügt, so als ob man jemanden bei der Hand nehmen würde, um ihn zu leiten. Es drückt den Begriff „eine Richtung geben" aus. Früher nannte sich das Judo Jujutsu oder Yawara; das Kendo Kenjutsu oder Gekkenjutsu; das Budo Bujutsu…
Es gab eine Zeit, wo das Aikido noch „Aikijutsu" war.
Das Schriftzeichen Jutsu (術) setzt sich aus den Elementen Gehen (行) und Hirse (米) zusammen.
Es stellt den Weg desjenigen dar, der in den Feldern umherirrt, um dort seinen Weg wiederzufinden. Es ist wie sich eine Technik anzueignen: man muss wieder und immer wieder üben. Genauso ist es für jede andere Tätigkeit des Menschen. Das Schriftzeichen *Jutsu* drückt also die Idee von Methode und Kunst aus, die mit der Lehre so eng verbunden sind.
In der Zeit, als das Aikido noch Aikijutsu war, handelte es sich nur um eine auf sich selbst gerichtete Übung. Es genügte, sie zu beherrschen. Heute sind wir bei Aikido angekommen.
DO (導) zeigt eine Richtung, die mit dem Kopf angegeben wird. Diese Richtung ist deutlich, und jeder kann sie beschreiben. Es ist wichtig, dass wir alle, die wir Aikido trainieren oder lehren, uns auf diesen Weg begeben, mit dem Willen, die anderen an die Hand zu nehmen und sie zu führen, um dieses Ideal lebendig werden zu lassen, damit das Do des Weges und das Do der Lehre sich ergänzen und bereichern.
Um dies zu erreichen, sollte man genau wissen, wohin man die Schüler führt, welcher Methode man folgt und auf welche Punkte man die Aufmerksamkeit richtet. Darum habe ich meine Feder auf den folgenden Seiten dahingleiten lassen.

O Sensei
Die Augen des Herzens öffnen

DER LEHRER

Selbstverständlich ist die Hauptsache, wenn man Aikido lehrt, ein guter Lehrer zu sein. Der Lehrer sollte technisch arbeiten, aber auch bemüht sein, sich spirituell und moralisch weiterzuentwickeln. Um die Augen des Herzens auf die rechte Weise zu öffnen und so ein gutes Vorbild für seine Schüler zu werden. Es folgen einige Punkte zum Überdenken:

DIE LEIDENSCHAFT

Es ist erforderlich, die technischen und spirituellen Fehler der Schüler zu verbessern, so als ob sie Ihre eigenen Kinder wären, so als ob sie Sie selbst wären, und ihnen zu helfen, in einer rechten Richtung vorwärts zu gehen und sich dieser Aufgabe mit Leib und Seele zu widmen. Sie sollen wissen, dass nichts ohne Leidenschaft verwirklicht werden kann*.

MIT DEN SCHÜLERN EINE EINHEIT BILDEN

Es ist wichtig, die Wünsche der Schüler und ihre Bedürfnisse zu kennen um ihnen das, was notwendig ist, zu geben. Unnötig zu sagen, dass es einer tiefgreifenden Liebe bedarf, damit dieser Geist sich entwickeln kann. Man sollte seinen Geist mit dem der Schüler verbinden und so handeln, dass man gemeinsame Fortschritte macht, dabei achtet man sehr darauf, mit Freude und Intensität zu üben.

DAS FEINGEFÜHL

Unterrichten bedeutet lernen, aber um zu lernen muss man aufrichtig unterrichten. Man soll mit soviel Feingefühl unterrichten, dass jeder sich über die empfangene Lehre freut und Dankbarkeit empfindet.

IDEAL UND SELBSTVERTRAUEN VERMITTELN

Unterrichten bedeutet, ein technisches und spirituelles Ideal zu vermitteln und vor allem, jedem die Lust zu geben, das zu erreichen.

DANKBARKEIT

Freuen Sie sich über die technischen Fortschritte, die physische und spirituelle Entwicklung Ihrer Schüler! Freuen Sie sich, dass sie im täglichen Training von seinem Anteil an Verletzungen und Reibungen verschont geblieben sind! Seien Sie dankbar, dass Ihre Stellung als Lehrer Sie dazu brachte nachzudenken, zu studieren, technisch und spirituell vorwärts zu kommen. Danken Sie auch den Schülern, die Eure Fortschritte ermöglicht haben.

Anm. der Übersetzer: Es ist im Japanischen üblich, die Höflichkeitsform zu wählen, wenn man sich an einen Leserkreis wendet, genauso auch, wenn man sich auf einem Lehrgang an die Trainierenden in ihrer Gesamtheit wendet, und so wurde diese Form auch für dieses Buch gewählt.

▲
Tamura Shihan
Es ist gut, den Anfängern Lust am Arbeiten zu vermitteln, ohne sie durch das Risiko von Verletzungen zu entmutigen.

◀ Osawa Shihan

DAS POSITIVE ENTWICKELN

Es ist besser, den Unterricht vielseitig zu gestalten, ohne jedoch einfach nur irgend etwas zu lehren, man soll ihn so gestalten, dass der Schüler weder Müdigkeit noch Langeweile verspürt, sondern unaufhörlich neue Nahrung findet. Es ist gut, dem Anfänger Lust am Arbeiten zu vermitteln, ohne ihn durch Verletzungsrisiko oder allzu große Schmerzen zu entmutigen, vielmehr nach und nach sein Interesse am Training zu wecken.

DAS GUTE VERHÄLTNIS UND GEMEINSAME SUCHEN UNTER DEN LEHRERN

Die Lehrer sollten sich treffen, um ihre Erfahrungen und das Ergebnis ihrer Suche vorurteilsfrei und ohne Voreingenommenheit auszutauschen.

Es ist lächerlich, dass Menschen, die den Weg der Harmonie und des Friedens lehren, sich untereinander zu kleinlichen Streitereien hinreißen lassen. Die Probleme der Ausführung der Techniken, oder stärker sein zu wollen als der andere, sind belanglos. Wichtig ist nicht die Kraft der Ausführung, sondern die Übereinstimmung mit dem Prinzip! Eine Technik, die nur von einem starken Menschen ausgeführt werden kann, ist für die Allgemeinheit nicht von Interesse. Man darf nicht vergessen, dass für eine einzige Technik verschiedene Arten der Ausführung möglich sind und dass die Bedingungen für die Ausführung je nach dem Angriff des Gegners verschieden sind.

DAS PRINZIP DES AIKIDO RICHTIG BEGREIFEN UND VERMITTELN

Man kann nicht sagen, dass nur derjenige, der stärker als die anderen oder technisch gut ist, ein guter Lehrer sei. Durch eine auf einem richtigen und klaren Verstehen begründete Lehre ist man imstande, die Schüler ohne Irrwege zu leiten.

▲

Das Prinzip des Aikido richtig vermitteln

▲
N. Tamura, Lesneven 1989

Sie müssen die technischen und spirituellen Fehler Ihrer Schüler korrigieren, als ob sie Ihre Kinder wären

◄ O Sensei und N. Tamura etwa 1956
Mit Freude und Intensität trainieren

Symbolisches Porträt O Senseis mit den kaiserlichen und göttlichen Attributen: dem Spiegel, Schwert und Stein.
Tamura Ejii

ZIELSETZUNG DES UNTERRICHTS

Aikido ist ein asketischer Weg, der mittels Ki-Iku, Toku-Iku, Tai-Iku (Ausbildung und Entwicklung des Wesentlichen: Ki, der Weisheit und der Tugend: Toku und des Körpers: Tai) die Richtung der Verwirklichung der Menschheit zeigt. Durch diese Erziehung, die Körper und Geist umfasst und einigt, geht man über die Begriffe von Rasse und Grenzen hinaus, um einen echten Menschen zu formen.

O Sensei und N. Tamura
Hombu Dojo
Der Friede des Geistes

ENTWICKLUNG DES KÖRPERS

Aikido-Bewegungen sind geschmeidig wie die der Natur, denn sie sind voller Kokyu-Ryoku. Sie erhöhen die physische Kraft, verbessern Gesundheit und Schönheit des Körpers. Ebenso werden Geschmeidigkeit, Widerstandskraft, Reaktionsvermögen, Geschwindigkeit usw. entwickelt und verfeinert.

LEHREN AUS DEM BUJUTSU

Indem man von den Techniken der „Erhaltung des Lebens" durchdrungen wird, erwirbt man Selbstvertrauen und innere Ruhe und erreicht den Frieden des Geistes, gleichzeitig entwickeln sich Unternehmungsgeist, Ausdauer und Organisationssinn.

DER GEISTIGE ASPEKT

Die grössten Feinde des Budo, Zorn, Angst, Furcht, Zweifel, Zögern, Verachtung, Eitelkeit, müssen überwunden und große Entschlossenheit der Seele und viel Mut entwickelt werden. Man muss durchdrungen sein von der Notwendigkeit, über sich selbst zu siegen. Durch die Wiederholung des täglichen Trainings kann man Müdigkeit und Überdruss besiegen und die Lust zur Anstrengung, die Wichtigkeit der Ausdauer und die Freude kennenlernen, Schwierigkeiten zu überwinden.

DIE ETIKETTE

In einer Gesellschaft, die sehr leicht auf Techniken, Kraft und Macht grossen Wert legt, erlauben die Regeln der Etikette die Existenz höherer Werte zu fühlen; man muß diese Werte ganz ohne Zwang respektieren. Sie sind die unabdingliche Bedingung des Überlebens einer Gesellschaft (siehe Kapitel Etikette).

DAS PRINZIP DES AIKIDO UND SEINE ALLTÄGLICHE ANWENDUNG

Das Prinzip des Aikido lehrt, angewendet anhand von Irimi-Tenkan, Ki, Kokyu, die offensichtliche Dualität Ich-Gegner, die Arbeit mit mehreren Gegnern, das Gefühl für Einheit, Harmonie, Liebe und Frieden. Aikido drückt durch die Vermittlung des Körpers die Weltordnung aus. Wird die Weltordnung korrekt auf den Körper übertragen, entfalten sich Technik und Gesundheit auf natürliche Weise. Wird die Weltordnung im Alltag richtig angewendet, entfalten sich Erziehung, Arbeit und Persönlichkeit auf natürliche Weise. Wird die Weltordnung auf die Gesellschaft richtig angewendet, entfalten sich soziale Harmonie und die Beziehung zu den anderen auf natürliche Weise. Die Menschheit wird dann, wie eine einzige Familie, an der Wiederherstellung dieser Welt arbeiten, deren Harmonie heute gestört ist.

Hombu Dojo um 1957

N. Tamura, Jo Do Ri

DIE LEHRMETHODE

O Sensei 1936, Dojo von Noma
Uke: Yonekawa Shigemi

Für das Gelingen der obenangeführten Ziele werden wir die Lehrmethode erläutern und sie in zwei Wege aufteilen: den geistigen und technischen Aspekt, obwohl Aikido ein Weg der Einheit von Körper und Geist ist.

Die intensive Ausübung der Techniken fördert die spirituelle Entwicklung. Die spirituelle Entwicklung fördert den technischen Fortschritt.

Zur Verdeutlichung der Erläuterungen wurden die technischen und spirituellen Aspekte getrennt. Man darf daraus aber weder auf ein Verhältnis der Unterordnung eines Aspektes, noch auf einen dualistischen Trennungszustand schließen.

DAS LEHREN DER TECHNIK

• **Die Haltung des Lehrers**

Sicherlich ist die direkte Beziehung des Meisters zum Schüler, die traditionelle Beziehung, im Wesentlichen mit der Beziehung der Eltern zu ihren Kindern identisch, die Bestmögliche.

In der modernen Welt ist leider eine solche Beziehung beinahe unmöglich geworden. Wir werden uns also an die gewöhnlichen Verhältnisse in den vorhandenen Dojos halten.

O Sensei mit jungen Schülern
Mai 1961

Deshalb sollte man aber nicht vergessen, dass die wahre Überlieferung durch direkte Beziehung geschieht, und sich bemühen, diese Bindung nicht zu zerstören und ihren Sinn zu respektieren!

Im Falle des Massenunterrichts haben es ein Lehrer oder bestenfalls eine kleine Anzahl von Lehrern mit einer grossen Zahl von Schülern zu tun. Es ist unmöglich, jedem Einzelnen die nötige Zeit widmen zu können, da es darum geht, auf einmal und in einer begrenzten Zeit zu lehren. Es ist daher äußerst wichtig, sich auf folgende Punkte zu konzentrieren:

- das Vorzeigen
- die Erklärung
- die Nachahmung
- die Analyse
- das Verbessern
- die Beobachtung
- die Hygiene

• das Vorzeigen

So weit wie möglich muss das Vorzeigen mit Deutlichkeit, Präzision und Genauigkeit ausgeführt werden, die grundsätzlichen Richtungen für die Schüler betonen und in ihnen gleichzeitig die Lust wecken, diese in die Tat umzusetzen.

• die Erklärung

Die Erklärung soll die Richtung und Arbeitsweise aufzeigen und Punkte unterstreichen, denen man besondere Aufmerksamkeit schenken soll.

◄◄ (vorherige Seite)
O Sensei und N. Tamura
Altes Aikikai, etwa 1960

• **die Nachahmung**

Nachahmung ist Bestandteil jedes Studiums. Zu Beginn sollte man zu erreichen versuchen, dass die Schüler sich bemühen die vom Lehrer gezeigte Technik so exakt wie möglich nachzumachen, ohne zu diskutieren.

• **die Wiederholung**

Die Wiederholung erlaubt die Aneignung der Erklärungen, und nach und nach werden Schnelligkeit, Kraft, Feinheit entwickelt.

• **die Analyse**

Wenn eine Technik Schwierigkeiten bereitet, ist es besser, sie in kleine und einfache Bewegungen aufzugliedern.

• **das Verbessern**

Es genügt nicht, das äußere Erscheinungsbild einer Technik zu verbessern, sondern man sollte sich bemühen, die Wurzeln des Unverständnisses und Irrtums zu begreifen und zu beseitigen. Je nach Technik sollte man auf die Anwendung der Atmung, auf die Art, wie die Füße gestellt werden, auf die Bewegung und die Benutzung der Hände, auf das Wechseln auf der Ebene der Hüften und auf die Anwendung der Kraft des KI achten.

N. Tamura, Aix 1990

Es genügt nicht, das äußere Erscheinungsbild einer Technik zu verbessern...

• **die Beobachtung**

Man sollte dem Schüler klarmachen, wie wichtig es ist, die Techniken der Lehrer, der Älteren und der weniger fortgeschrittenen Schüler gut zu beobachten. Man sollte sie dazu bringen, ihre eigenen Techniken mit denen der anderen zu vergleichen, um bessere Fortschritte zu machen. Wenn man durch Verletzung oder Ermüdung für einen Moment zum Ausruhen gezwungen wird, kann man sich so diese Zeit zunutze machen. Diese Beobachtungszeit unterscheidet sich in nichts von der physischen Übung und man sollte eine richtige Haltung, scharfe Aufmerksamkeit und den Sinn für Anstrengung beibehalten.

• **die Hygiene**

Man sollte nicht vergessen, dass intensive Arbeit entsprechende Ruhe erfordert. Es ist wichtig, genügend zu schlafen und in Menge und Qualität vernünftig zu essen. Sportler neigen oft zu übermässigem Trinken, was man besser vermeiden sollte. Es ist gut, eine Stunde vor dem Training leicht zu essen und mindestens eine halbe Stunde danach zu warten. Solange der Körper noch erhitzt ist, sollten eiskalte Getränke vermieden werden. Das Keikogi sollte sauber sein, damit es dem Partner nicht unangenehm ist. Hände und Füße sollten sauber sein, die Nägel kurz geschnitten.
Jegliche Art von Schmuck, Uhr u.s.w.... sollten abgelegt werden. Das Dojo sollte peinlich gereinigt werden; ein gut durchgelüfteter Ort ist vorzuziehen.

ABLAUF EINES TRAININGS

a)	• Jumbi Dosa	Seiten 52 bis 62
b)	• Grundlagen	Seiten 27 bis 43
c)	• Ukemi	Seiten 56 bis 57
d)	• Tai Sabaki	Seiten 39 und 55
e)	• Grundtechniken	Seiten 71 bis 157
f)	• weiterentwickelte Techniken	Seiten 159 bis 219
g)	• Arbeit mit Waffen	Seiten 161 bis 165
		Seiten 226 bis 244
h)	• Entwicklung des Kokyu Ryoku	Seiten 63 bis 68
i)	• Shumatsu Dosa	Seite 69

Seitenzahlen siehe Aikido v. N. Tamura, 1985

GEISTIGER UND SPIRITUELLER ASPEKT DER LEHRE

Gemeinsam Fortschritte machen

Manche trainieren eifrig, weigern sich aber, mit Anfängern oder mit denen zu trainieren, die sie als „schlecht" ansehen. Selbst wenn sie technisch Fortschritte machen, wird ihre Technik immer eine von der Technik gefangene Technik bleiben. Vergessen wir nicht, dass Aikido nicht nur der Weg der Körper-Geist-Einheit, sondern ganz besonders der Weg der Einheit ist. Wird der Geist in seinem Fortschritt angehalten, dann steht alles still. Der Geist, der die anderen ablehnt, der Geist der unfähig ist, die anderen zu akzeptieren, der Geist, dem es genügt, nur selbst voranzukommen, dieser Geist, der alles zum beengten Bereich des Ego zurückführt, kann sich nicht zum Zustand der Einheit mit dem Universum öffnen. Es gibt Aite, also ist Üben möglich. Das Üben existiert, also ist der Fortschritt möglich. Wenn es Aite gibt, bewirkt das gegenseitige Anspornen, dass sowohl der eine als auch der andere Fortschritte macht und sie die gemeinsame Freude teilen.

Ein dankbares Herz haben

Um einem weniger fortgeschrittenen Trainierenden zu helfen, bedarf es viel Geduld und Liebe. Um die Ursachen zu begreifen, die diesen weniger fortgeschrittenen Lernenden behindern, ist es unerlässlich, sein eigenes Suchen zu vertiefen.

Man darf keinen Wert auf die Kraft legen

In der Welt des Bujutsu, wo man oft großen Wert auf die Wirksamkeit einer Technik und auf die Kraft der Ausführung legt, ist die Kraft noch wichtiger, die es erlaubt, über dieses Stadium hinauszugehen. Die Ausübung des Aikido darf sich nicht darauf beschränken, stark werden zu wollen, in dem Sinn, seinen Partner verletzen zu wollen oder nicht verlieren zu wollen. Im Aikido ist Stärke eine Folge der Anwendung des Prinzips des Universums. Der Mensch, der von diesem Prinzip abweicht, kann keinen Sieg erringen, so stark er auch sein mag. Aikido ist eine Methode, die Aktion des Prinzips des Universums zu studieren. Man darf sich keiner Sache widmen, die dieses Lernen verhindern könnte.

Der Sieg über sich selbst

Der Geist des Zorns, der Trägheit, der Angst usw. muss in einem selbst besiegt werden. Die größte Gefahr ist der Hochmut! Vergessen Sie nicht, dass in dem Augenblick, in dem Sie denken, Ihre Technik wäre gut, jeder Fortschritt aufhört. Einen Augenblick anhalten, bedeutet in dem beständigen Fluss der Welt eine unaufholbare Verspätung.

O Sensei 1967, Cin Kon Kishin (Meditation)

Waka Sensei und der Doshu anläßlich einer
Zeremonie zum Gedenken an O Sensei

ETIQUETTE UND DISZIPLIN

In Japan sagen wir, dass das A und das O des Budo in Rei enthalten ist. Die kampflustigen und aggressiven Instinkte steigern sich, wenn sie außerhalb der Übung freien Lauf erhalten.

Um eine mit solchen aggressiven Instinkten beseelte Schar zu dirigieren, ohne dass diese Schar auf Auflösung hinsteuert, haben sich Regeln als notwendig erwiesen. Die Etikette und die Disziplin, wahrscheinlich aus diesem Bedürfnis heraus entstanden, gestatten das harmonische Funktionieren dieser Regeln. Der Kampf ohne Regel und Ethik gehört in die Tierwelt und nicht in die des Budo. Das Bugei (Kriegstechniken) und das Bujutsu sind nur Mittel zum Krieg. Rei wird einfach mit Gruß übersetzt.

Rei umfasst aber auch die Begriffe Höflichkeit, gutes Benehmen, Hierarchie, Respekt, Dankbarkeit. Reigi (die Etikette) ist der Ausdruck gegenseitigen Respekts innerhalb der Gesellschaft. Man kann es auch als das Mittel auffassen, seine Position dem anderen gegenüber zu kennen. Man kann also sagen, es ist das Mittel, sich seiner Position bewusst zu werden.

Von links nach rechts:
Yamada Shihan, Osawa Shihan
Rei umfaßt die Bedeutung von Höflichkeit, gutem Benehmen, Hierarchie, Respekt und Dankbarkeit

Das Schriftzeichen Rei setzt sich aus zwei Elementen zusammen: Shimesu und Yutaka.
Shimesu (示): Der göttliche Geist, der herabgestiegen ist, um im Altar zu verweilen.
Yutaka (豐): Der Berg und die Opferschale aus Holz, die die Nahrung enthält: zwei Ähren Reis, das mit Nahrung überquellende Behältnis, der Überfluss. Diese zwei Elemente zusammen geben die Vorstellung eines mit Opfergaben aus Nahrung reichlich versorgten Altars, vor welchem man auf das göttliche Herabsteigen wartet, auf die Feier.
Gi (儀): Der Mensch und die Ordnung. Bezeichnet, was Ordnung ist und ein Vorbild schafft. Reigi ist also ursprünglich das, was die Feier des Heiligen regiert. Es ist wahrscheinlich, dass dieser Sinn sich dann auf die menschlichen Beziehungen erstreckt hat, als das Zeremoniell eingeführt werden musste, das die hierarchischen Beziehungen zwischen den Menschen regelte.
O Sensei hörte nicht auf zu wiederholen: „Aikido existiert, damit den Pflanzen, Bäumen, Vögeln, Säugetieren, Fischen, Insekten, bis zur winzigsten Mücke, der rechte Platz gegeben wird."

Seinen rechten Platz zu kennen, bedeutet für jedes Wesen, sich selbst zu kennen. In Wahrheit bedeutet sich selbst zu kennen, die vom Himmel übertragene Bestimmung zu kennen. Die Bestimmung des Himmels zu erfüllen, bedeutet, sich nach der Ordnung des Universums zu richten; dort gibt es keinen Platz, weder für Zögern noch für Opposition, es ist der wahre Friede. Macht der Mensch aus dieser kosmischen Ordnung das Modell der Struktur der menschlichen Gesellschaft und macht er daraus das Prinzip auch für seine geringsten Handlungen, nennt man das Reigi-Zaho. Durch Beachtung dieser Regel ist der Mensch fähig, sich zu erheben. Innerhalb der Familie gibt es eine natürliche Hierarchie: Großvater, Großmutter, Vater, Mutter, Kinder, Enkelkinder, Ältester, jünger Geborener. Um richtig zu funktionieren, verlangt die militärische Organisation die Hierarchie der Ränge: General, Oberst, Hauptmann, usw...

Es ist das Gleiche bei den Kirchen: Papst, Patriarch, Kardinal, Bischof... und natürlich auch beim Budo: Meister, Schüler, Sempai, Kohai, Dohai*), Ranghöhere, Anfänger, Ältere und Junge. Alle diese Beziehungen wirken zusammen. Die Etikette besteht darin, das gerechte Gleichgewicht von Fall zu Fall zu bestimmen. Damit diese Ordnung bewahrt wird, müssen die Höflichkeit gegenüber dem Sensei, das korrekte Verhalten gegenüber dem Sempai, die richtige Etikette gegenüber den Kohai und Dohai beachtet werden.

Die Beachtung dieser Regeln ist, glaube ich, die Bedingung des Gleichgewichts und des Überlebens der eben erwähnten Gesellschaften. Wir haben weiter oben auf die Steigerung der streitsüchtigen und aggressiven Instinkte durch die Ausübung des Bujutsu hingewiesen (Vergessen wir nicht, dass diese Instinkte an sich ohne moralische Wertung sind; sie existieren, sind für das Überleben der Menschheit notwendig, und damit Punktum!). Wenn jedoch diese Instinkte sich jeder Kontrolle entziehen, dringt Gewalt in jede Handlung ein, und man beginnt, die Schwachen anzugreifen und zu verachten, oder im Gegenteil, vor dem Stärkeren zu

---

* Der Begriff Sempai-Kohai bezieht sich auf den Zeitpunkt des Anfanges, auf den allerersten in einer Disziplin durchgeführten Schritt und nicht auf den Rang. Dohai wird auf diejenigen angewendet, die zur gleichen Zeit angefangen haben.

kriechen, obgleich man ihn hasst. Wenn die Handlungen durch Etikette geregelt werden, wird ein Raum geschaffen, der die Emotionen mit Leichtigkeit zu meistern ermöglicht. Die Etikette dient dazu, das „Ich" zu kontrollieren, das sich den tierischen Instinkten hingeben möchte, um dessen Energie zu kanalisieren und sie in positivem Sinne zu benutzen.

In der Religion sind die Emotionen ganz natürlich durch die beständige Wiederholung von komplexen Ritualen, die von Generation zu Generation überliefert werden, unter Kontrolle gebracht, und das religiöse Gefühl kann sich entfalten. Dieses ist nicht nur für den Gläubigen wahrnehmbar, sondern auch für den Beobachter. Eine nach strenger Etikette ausgeführte Bewegung verstärkt die Festigkeit des Geistes und bringt die Aggressivität unter Kontrolle, sodass innere Ruhe eintritt. In der Welt des Budo gilt, was das Geschehen im Dojo anbelangt, das Gleiche. Die Wirksamkeit, die sich auf natürliche Weise daraus ergibt, ist für den Trainierenden wie für den Beobachter wahrnehmbar, und gleichzeitig sind diese von der durch die Tradition übertragenen Atmosphäre durchdrungen. Man soll sich also dem Training rückhaltlos widmen, um die Emotionen unter Kontrolle zu bringen, die im Budo am wenigsten erwünscht sind: Angst, Verwirrung, Verachtung der Anderen, die Übersteigerung des Ego, um physisch und geistig Fortschritte zu machen. Diejenigen, die überlebt haben, nachdem sie sich bis an die Grenze von Leben und Tod gewagt haben, hatten nicht nur eine gute Technik zur Verfügung. Sie hatten vor allem ein klares Urteilsvermögen über Situationen, ermöglicht durch Gelassenheit, Ausgeglichenheit und Kaltblütigkeit, die ihnen innewohnten. Dies erlaubt mit der erforderlichen Entschlossenheit zu handeln. Diese Haltung ist genau das absolute Gegenteil von der Prahlerei des Angebers und seiner übergrossen Erregung. Wahrhaftige Fortschritte zu machen, „stark" zu werden besteht viel mehr darin, diese Ruhe und diese innere Entschlossenheit zu entwickeln, als eine Technik zu erwerben.

In dem Maße, in dem wir Menschen sind, sollten wir nicht wünschen, in einer Welt zu leben, die ihre Kinder liebt? Was würden Sie dazu sagen, wenn man, um eine Gesellschaft auf gegenseitiger Achtung aufzubauen, diese Etikette wieder ans Licht zu bringen würde, die manche wie ein altes, unnützes Möbelstück haben wegwerfen wollen, die aber doch zum gemeinsamen Erbe der Menschheit gehört?

Nehmen wir die einfache Sache, seine Schuhe richtig hinzustellen: es lehrt uns zu ordnen und zu räumen und lässt uns die Zufriedenheit fühlen, die daraus entsteht und die Wichtigkeit dieser inneren Einstellung. Eine Handlung sorgfältig auszuführen, bedeutet bereits günstige Voraussetzungen für die Verwirklichung der nächsten Handlung zu schaffen, und dadurch wird Budo ausgeübt.

Die Welt des Rei zielt nicht nur darauf ab, sich eine persönliche Genugtuung zu verschaffen. Die Genugtuung, die die anderen empfinden, gehört auch dazu. Die Entwicklung des ästhetischen Bewusstseins schafft das Bedürfnis, auch die Schuhe der anderen aufzuräumen, wenn diese nicht an ihrem richtigen Platz sind.

Wenn sich der Geist der Dankbarkeit einem Kohai gegenüber durch diesen einzigen Gedanken ausdrückt: „Danke, dass Du mir erlaubt hast, heute gut zu üben", wird der Kohai froh sein, ebenso wird der Sempai, wenn man ihm für seinen Unterricht dankt, zufrieden sein. Die Etikette, wie jede Sache, muss in sich erarbeitet sein, das heißt, der Sinn der Etikette muss alle Handlungen durchdringen. Es ist grotesk, sagen zu müssen:„Respektieren Sie mich, denn ich bin Ihr Sempai", „Stellen Sie mich auf einen Sockel, denn ich bin Ihr Sensei". Der Respekt dem Sempai gegenüber soll nicht aufgezwungen sein, der Kohai muß von sich aus Lust haben, den Sempai zu respektieren. Was den Sempai betrifft, so kümmert er sich um den Kohai, denn der Kohai nimmt seinen eigenen Platz ein, und dadurch verdient er, dass man sich um ihn kümmert. Der Geist der Dankbarkeit, des Respekts, der Anerkennung, wird wenn er die Etikette durchdringt, ganz von selbst vom Anderen empfunden.

Die Etikette regelt also die gegenseitigen Beziehungen. Wird die Etikette respektiert, baut sich die Hierarchie ganz natürlich auf. Die Etikette sollte der Ausdruck der Menschlichkeit des Herzens sein. Es genügt nicht, sich der Form anzupassen. Wenn der Respekt nicht im Herzen ist, wird die Form nur eine Schale ohne Seele sein. Man muß die Persönlichkeit des anderen respektieren. Die Handlungen erzeugen im Einklang mit den Regeln der Etikette ein reines Herz und eine edle Haltung. Ich neige dazu zu glauben, dass dieser Sinn des Mitgefühls mit der Harmonie und dem Frieden einfach verknüpft ist.

Das muß man sich im Geist einprägen, um die Etikette und Disziplin weiterzugeben.

DER GRUSS Man unterscheidet den Gruß im Stehen und den Gruß im Sitzen.
Den Gruß mit Waffen von dem ohne Waffen. Wir werden sie genauer betrachten.

Gruß stehend ohne Waffe

1 • 2 • In aufrechter Haltung, regungslos, schaut man in die Augen einen Sempai während des Trainings grüßt.

4. Ein noch tieferer Gruß wird ausgeführt, indem man die Finger langsam bis zum Knie gleiten lässt. Dieser sehr respektvolle Gruß ist für den Altar, die Fahne oder ein anderes Staatssymbol, ebenso für besonders bedeutende Gäste vorbehalten.

| 1 | 2 | 3 | 4 |

der zu grüßenden Person und bezeugt seinen Respekt. Man neigt den Oberkörper leicht nach vorne, danach richtet man sich wieder auf. Dieser Gruß wird zum Beispiel angewendet, wenn man einen Partner auffordert oder wenn man ihn verlässt.

3 • Der gleiche Gruß wird etwas tiefer ausgeführt, wenn man das Dojo betritt oder verlässt oder wenn man

Gruß stehend mit Waffe

• Die linke Hand hält das Schwert leicht an der Hüfte. Der Daumen ruht auf dem Tsuba, die Schneide der Klinge nach oben gewendet. Der Griff ist leicht zum Zentrum gerichtet. Die Schwertspitze wird unter der Horizontalen gehalten. Der Daumenballen stützt sich gegen das Hüftbein ab.

In der Ruhestellung verlässt der linke Arm die Hüfte und hängt frei herunter. Ob mit oder ohne Schwert, der Gruß wird in gleicher Weise ausgeführt.

Gruß zum Altar hin (Shinden)

Man geht bis zum Altar vor und hält dabei das Schwert an der Hüfte. Man wechselt das Schwert, indem man es auf die rechte Seite bringt. Die rechte Hand ergreift es unter dem Kurikata, die Schneide ist nun nach unten gerichtet. Die linke Hand kehrt wieder auf den linken Schenkel zurück, und man verneigt sich, das Schwert immer im gleichen Winkel haltend. Nachdem man sich wieder aufgerichtet hat, führt man das Schwert vor den Körper, ergreift es mit der linken Hand, um es in die ursprüngliche Haltung zurückzubringen.

Gruß mit einem Jo

Gruß mit einem Schwert

Es gibt zwei korrekte Formen.
• Erste Form: Man bringt den Griff des Schwertes auf die rechte Seite, die Schneide nach außen (s. Abbildung)
• Zweite Form: Man behält den Griff auf der linken Seite und dreht dann die Schneide zu sich.

Gruß im Sitzen

Seiza

Seiza ist eine für Japan typische sitzende Position. Mit einer geraden Wirbelsäule, dem Ki im Seika Tanden konzentriert, Schultern und Brustkorb entspannt, ruhen die Hände auf dem oberen Teil der Oberschenkel, ohne die Finger oder den Ellbogen wegzustrecken. Der Abstand zwischen den Knien beträgt zwei Fäuste (für Frauen nur eine), die großen Zehen überkreuzen sich.

Man sagt, dass man den Eindruck haben soll, den Himmel mit dem Kopf zu stützen, es ist aber vielleicht besser, das Gefühl zu haben, vom Himmel herabzuhängen. Die Augen sind normal geöffnet, der Kiefer ist geschlossen, aber nicht verkrampft, die Zunge drückt gegen den Gaumen, die Atmung ist ruhig, lang und tief, das Ki verteilt sich gleichmäßig in alle Richtungen.

Sich setzen und aufstehen

Suwarikata und Tachikata

Sich in das Seiza setzen: Von der aufrechten Haltung aus, Füße zusammen, beugt man die Knie leicht nach außen, die rechte Hand schiebt die Falten des Hakama zur Seite (links, rechts) (1), und man setzt das rechte Knie auf, dann das linke (2). Man streckt die Füße, die großen Zehen kreuzen sich, das Gewicht verlagert sich auf die Fersen, und schließlich setzt man sich zwischen die Fersen (3). Um aufzustehen: Von der Stellung des Seiza aus hebt sich die Hüfte, die Zehen stützen sich auf dem Boden ab (4), der rechte Fuß kommt auf die Höhe des linken Knies (5). Man richtet sich ruhig auf, ohne sich in irgendeine Richtung zu neigen, und der hintere Fuß kommt auf gleiche Höhe mit dem vorderen (6).

| 1 | 2 | 3 |
| 4 | 5 | 6 |

Gruß sitzend ohne Waffe

Von der Stellung Seiza aus beugt man sich und lässt dabei die Hände bis zum Boden gleiten, zuerst die linke Hand, dann die rechte Hand (1), Daumen und Zeigefinger berühren sich so, dass ein Dreieck entsteht (2). Die Ellbogen bleiben nahe am Knie, und man verbeugt sich tief. Man richtet sich ruhig auf, beginnend mit der rechten Hand. Wie für den aufrechten Gruß verändert sich die Tiefe der Verneigung (3, 4, 5) (siehe unten). Dieser Gruß richtet sich an den Altar, das Kamiza, das Katana (6). Beide Hände werden dann gleichzeitig aufgelegt.

Wenn man einen Lehrer oder jemanden höheren Ranges grüßt, verbeugt man sich als erster, und man wartet, bis diese Person sich aufgerichtet hat, um sich selbst aufzurichten. Man soll darauf achten, nicht mit dem Kopf zu grüßen, indem man den Rücken krümmt, sondern Kopf und Oberkörper in einer einzigen Bewegung zu neigen.

1	2	3
4	5	6

Gruß sitzend mit Waffe

Zu Beginn befindet sich das Schwert an der linken Hüfte des Trainierenden, der im Seiza sitzt. Das Schwert wird dann zum Zentrum und nach vorne gebracht. Die rechte Hand fasst das Schwert in Höhe des Stichblattes, von der Rückseite und von unten, und bringt es zur rechten Seite, um es mit einer Faust Abstand vom Schenkel abzulegen.

Die genaue Stellung des Schwertes kann je nach Schule verschieden sein: Schneide nach innen oder nach außen, Knauf (Kashira) oder Stichblatt (Tsuba) in Höhe der Knie. Wichtig ist, sich eine Gestaltung anzueignen und sich daran zu halten, damit man diese Bewegungen ohne Zögern ausführen kann.

Gruß sitzend mit einem Schwert

Lehrgang in Châlons-sur-Saône 1987
Unter der Leitung von Waka Sensei (Moriteru Ueshiba)

AUFTEILUNG DES DOJO Hierarchie der Plätze

Shinden (Altar), Gyokuza (Sitz des Kaisers), Tokonoma (erhöhter Platz), Shihandai (Platz des Shihan), Raihinseki (Platz für Ehrengäste) befinden sich am Kamiza (Hohe Mauer).
Der Platz gegenüber ist das Shimoza.

Kamiza des früheren Aikikai

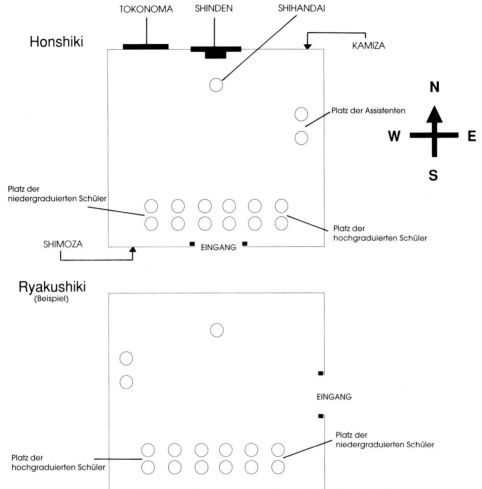

Falls kein besonderes Merkmal vorhanden ist (zum Beispiel: Tokonoma, Shinden), befindet sich das Kamiza gegenüber dem Eingang. Der hintere Teil des Raumes oder des Hauses ist ehrenvoller als der Eingang, die linke Seite von dem Kamiza aus gesehen ist der ehrenvollste Platz.

Bei Vorführungen ist das Kamiza der Platz des Staatsvertreters, der Fahne oder der Präsidentschaft der Veranstaltung. In Europa schmückt ein Bild von O Sensei das Kamiza und symbolisiert die Weitergabe der Lehre. Manche Dojos weisen eine besondere Einteilung auf, die einige Umkehrungen mit sich bringen: Gyaku-Shiki.

1 • Eingang des Dojo von Iwama
2 • Aikijinja: Oku no In
3 • Shinden des Dojo von Iwama
4 • das Dojo von Iwama
5 • Aikijinja: Torii und haiden

Aikikai von Boston
Dojo von Kanai Shihan

Tamura Shihan 1990
Dojo von Tanabe, der Geburtsstadt O Senseis

Ein Dojo, in dem man frei atmet..., La Colle sur Loup 1990 ▲

Nächste Seite ▶▶
Unter einem Tor der Mauer des kaiserlichen Palastes, Tokyo 1986

TRAININGSORTE UND METHODEN

◀ Hawai 1961
Es genügt, eine gute Haltung zu haben.....

▼ Iwama 1962, vor dem Aikijinja

DIE TRAININGSORTE

Normalerweise wird Budo in einem Dojo*) trainiert, doch gewinnt es bei der Ausübung an verschiedenen Orten, wie zum Beispiel in einem Wohnhaus, in einem Feld, im Wald, am Meeresstrand oder im Schnee. Aikido-Training ist eine immerwährende Askese, das heißt mit anderen Worten, dass das alltägliche Handeln als Lernen und Anwenden der Prinzipien des Aikido wahrgenommen wird. Es ist sinnlos, Komplikationen zu suchen, es genügt die Schultern zu entspannen, das Ki im Seika Tanden zu halten und die richtige Haltung beizubehalten.

Die Techniken des Aikido widersetzen sich nicht der Kraft des Geg-

*siehe das Kapitel „Dojo" meines Buches „Aikido" von 1986

ners; das Gleiche gilt auf geistigem Gebiet. Beginnen Sie mit dem, wozu Sie in der Lage sind...

Man kann bei Tisch, beim Gehen, beim Arbeiten, auf der Toilette üben... Selbst beim Schlafen. Wenn Position und Atmung richtig sind, ist es unmöglich, nicht gut zu schlafen. Wenn man nicht weiß, wie handeln, sollte man sich den Lehrer, den man respektiert oder seinen eigenen Gott vergegenwärtigen und sich mit ihm identifizieren. Wenn zum Beispiel O Sensei dieser Lehrer ist, den Sie respektieren, sollten Sie sich fragen: „Wenn ich O Sensei wäre, was würde ich bei dieser Gelegenheit tun?" Die Antwort wird sicher kommen. Es bleibt nur noch, in diesem Sinne zu handeln, und sich zu denken, dass O Sensei handelt.

Boston 1977,
Tamura Shihan

**DAS TRAINING IST NICHT AUF DEN
RAHMEN DES DOJO BESCHRÄNKT...**

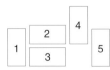

1 • Marschen von Salins-de-Giraud, Arbeit auf weichem Boden
2 • In der Gegend von Aix
3 • in der Camargue, auf feuchtem Sand
4 • Les Beaux in der Provence, auf felsigem Boden
5 • Vor dem Budokan, Tokyo, auf Rasen

O Sensei und N. Tamura
Etwa 1958

DIE METHODEN

Nachdem ich kurz den Übungsplatz erörtert habe, möchte ich etwas ausführlicher die Methoden behandeln. Es ist möglich allein, zu zweit oder zu mehreren zu trainieren.

Wenn man seine Schüler arbeiten lässt, ist es wünschenswert, verschiedene Methoden anzuwenden, um ihre Fortschritte abzuschätzen.

• Hitori-geiko

Wenn man alleine ist, genügt es, über etwas Zeit und Raum zu verfügen. Eine Art, alleine zu trainieren, wurde im vorigen Kapitel beschrieben. Es ist auch möglich, Atemübungen im Zusammenhang mit Aikidobewegungen, Suburi, Tanren uchi zu üben. Im Wald könnte man die Bäume als Partner benützen. Machen Sie Ihre eigenen Erfahrungen...

Denken Sie sich Dinge aus und unterrichten Sie das dann....

• Ippan-geiko

Das ist das gewöhnliche Training im Dojo. Der Lehrer bringt ein Beispiel, und die Schüler wiederholen es. Wir werden versuchen, eine genauere Analyse dieser Trainingsart zu geben.

• Futsu-geiko

Die Trainierenden aller Stufen wiederholen abwechselnd die vom Lehrer vorgeschlagene Technik.

• Uchikomi-geiko

Dies ist eine Art, mit einem weiter fortgeschrittenen Partner oder einem Lehrer zu trainieren. Nehmen wir zum Beispiel Ryotedori Tenchi Nage oder die Art, seinen Platz für Koshinage zu suchen. Der Schüler wird diese Technik einleiten, sie an der Grenze zum Fallen unterbrechen und wiederholt sie rechts und links ohne Unterbrechung, bis er außer Atem kommt. Die Rolle des Lehrers besteht dann darin, dem Schüler zu erlauben, geschmeidig zu werden und Präzision und Geschwindigkeit seiner Bewegungen zu fördern.

Hakkaizan 1953
Osensei et le Doshu
Yagaigeiko

Diese Methode hat folgende Vorteile:
• sie trägt dazu bei, technisch Fortschritte zu machen
• sie verbessert die Atmung
• sie verbessert die Qualität der Körperbewegungen
• sie verbessert das Gleichgewicht
• sie festigt das Ki im Seika Tanden
• sie entwickelt das Kokyu Ryoku

• **Hikitate-geiko**

Das ist eine andere Art des Trainings, durch die die Ranghöheren die Rangniedrigeren Fortschritte machen lassen. Wenn der Rangniedere eine unnütze und unbeherrschte Kraft anwendet, wird der Ranghöhere, ohne zu blockieren, die Wirkungen dieser Kraft zunichte machen und sich nicht zwingen lassen, zu fallen. Diese Methode zielt auf wohlwollende Verbesserung der Fehler und Schwachpunkte ab.

Wenn die Ausführung der Bewegung zufriedenstellend ist, sollte man einfach fallen, um eine gute Streckung und eine gute Entspannung in der Arbeit zu erlauben und dadurch Freude zu empfinden.

Wenn Sie gut fallen, schaffen Sie die Bedingung für ein besseres Verständnis und fördern dadurch die technische Entwicklung Ihres Partners. Sie sollten keinesfalls mit einem Rangniederen so trainieren, daß Sie ihn mit Ihrer Kraft oder Ihren Kenntnissen erdrücken und riskieren, den Keim des Fortschrittes in ihm zu töten. Schüler und Kohai sind unser eigener Spiegel. Alle unsere Fehler und schwachen Punkte finden sich in ihren Bewegungen wieder. Man sollte also die größte Aufmerksamkeit darauf richten, sich selbst zu verbessern.

• Gokaku-geiko

Die rangniederen Schüler sollten einfach die Ratschläge der Ranghöheren akzeptieren, um ihre Arbeit zu verbessern und um Fortschritte zu machen. Die Verantwortung des Sempai oder des Lehrers liegt darin, die Anfänger zu einer offenen und nicht zu einer von vornherein kritischen Haltung zu bringen.

Diese Art wird zwischen Leuten ausgeübt, die technisch und physisch auf gleichem Niveau sind. Man soll darauf achten, gegenseitige Gefälligkeit, Leichtfertigkeit oder grundsätzliches Blockieren zu vermeiden. Man sollte vor allem wenig gezeigte, schwierige Techniken studieren und selbstverständlich alle diejenigen, die Probleme in der Ausführung machen.

Das Dojo von Iwama
Der Gründer nimmt eine Stellung ein, um die beiden fundamentalen Deckungen zu erklären
1 • 2 • Seigan (chudan)
3 • Dai jodan

• **Kakari-geiko**

Gleichrangige greifen nacheinander und ohne Unterbrechung einen Einzelnen an, der die zu übende Technik wiederholt. Da die Uke zahlreich sind, ermüden sie weniger; das fügt den Vorteilen des Uchikomi-geiko noch hinzu:
— die Entwicklung des Kiryoku (Willenskraft)
— eine gute Übung für visuelle Wahrnehmung
— die Entwicklung der Empfindungen.

• **Jyu-geiko**

Wie der Name es sagt, Jyu-geiko (Jyu – Freiheit)*) bedeutet frei üben, das Thema seiner Arbeit aussuchen, üben und lernen. Jyu waza bedeutet freie Technik; man sucht dann die technische Form, die am besten auf einen bestimmten Angriff antwortet oder sogar diesen unmöglich macht. Diese Art von Training fördert die freie Bewegung. Die Verwechslung von Jyu-geiko und Jyu-waza kommt oft vor, es ist aber sehr wünschenswert beide auseinander zu halten.

* Jyu: Freiheit ist anders als jyu: Geschmeidig

• **Mitori-geiko**

Es kann vorkommen, dass man physisch verhindert ist zu trainieren, was nicht bedeuten soll, dass es unmöglich ist zu arbeiten. Man kann diese Momente nützen um zu lernen, indem man den Unterricht, die physischen und geistigen Aspekte der Techniken beobachtet. Man kann sich den Abstand durch seine Beobachterstellung zunutze machen, um zu begreifen was schwer erfassbar ist, wenn man selbst physisch beteiligt ist.

• **Yagei-geiko**

Das Training im Dojo wird abgewickelt, indem man sich eine Realitätsnähe vorstellt, das Dojo aber hat seine Grenzen. Es ist also zweckmäßig, aus diesem Rahmen herauszugehen um im Freien zu üben und Auge, Füße, Hände und Körper an einen anderen Raum zu gewöhnen. Es ist zweifellos überflüssig herauszustellen, dass die Natur, im Gegensatz zu den Tatami, Unregelmässigkeiten aufweist. Es gibt Mulden und Erhebungen, manche Böden rutschen mehr als andere, wie Schlamm oder Eis, wieder andere, wie nasser Sand oder Lehm, kleben an den Füßen. Dichtes Gras kann

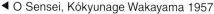

◀ O Sensei, Kókyunage Wakayama 1957
▶▶ (folgende Seite)
Sumo, Eröffnungszeremonie eines Turniers
durch Yokozuna Chiyonoyama

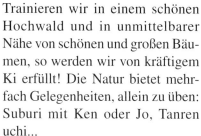
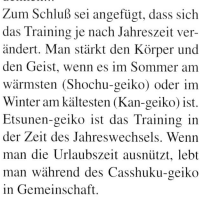

Hindernisse verbergen. Man sollte sich bei harten Böden vorsehen, wie Felsen, Beton oder kantigem Schotter, wo man sich leicht verletzen kann.

Man sollte sich also bemühen, seinen Gang anzupassen, indem man kleine Schritte macht und die Füsse mit Leichtigkeit gleiten lässt. Die Richtung des Hanges, der Stand der Sonne, die Windrichtung, Licht und Schatten, Dunkelheit, die umgebende Vegetation, Bäume, Äste, Dickicht, alle diese Elemente sollte man berücksichtigen, um die Wahl der günstigsten Position im Vergleich zum Gegner zu treffen. Um nur das Beispiel Ukemi zu nehmen, so soll man überlegen und probieren, um sich der Arbeit draußen anzupassen. Die Wahl der Waffen sollte an die Umgebung angepasst werden, und man sollte sich darin üben, die Kriterien zu spüren, die zu dieser Wahl führen. Deshalb ist es wünschenswert, wenn man über Zeit oder den nötigen Raum verfügt, in der Natur zu trainieren, wo man im Gegensatz zum Dojo mitten im freien Raum, im Sonnenlicht, eine reine und frische Luft atmet. Eine solche Übung ist angenehm und gut für den Körper. Man nimmt dann das Ki des Himmels und der Erde in sich auf und das eine weitausholende und entspannte Übung erlaubt.

Trainieren wir in einem schönen Hochwald und in unmittelbarer Nähe von schönen und großen Bäumen, so werden wir von kräftigem Ki erfüllt! Die Natur bietet mehrfach Gelegenheiten, allein zu üben: Suburi mit Ken oder Jo, Tanren uchi...

Man kann auch dort die Kumitachi freier als im Inneren eines Dojo üben. Es gibt auch ein Nachttraining in der Natur, bei Voll- wie bei Neumond. Erinnern wir uns, dass das Bugeijuhappan (die achtzehn Zweige der Kriegskunst) auch Schwimmen enthielt, das macht es möglich, sich Variationen beim Training in der Wasserwelt auszudenken...

Zum Schluß sei angefügt, dass sich das Training je nach Jahreszeit verändert. Man stärkt den Körper und den Geist, wenn es im Sommer am wärmsten (Shochu-geiko) oder im Winter am kältesten (Kan-geiko) ist. Etsunen-geiko ist das Training in der Zeit des Jahreswechsels. Wenn man die Urlaubszeit ausnützt, lebt man während des Casshuku-geiko in Gemeinschaft.

DIE BEZIEHUNG ZU DEN ANDEREN KAMPFKÜNSTEN

Aiki (und nicht Aikido) ist der Ursprung aller Kampfkünste. Das wollte der Begründer des Aikido ausdrücken, als er seine Kunst Takemusuaiki nannte. Stellen wir ganz klar heraus, dass dieser ursprüngliche Aspekt des Aiki nicht bedeuten soll, dass Aikido die beste aller Kampfkünste sei, sondern, dass es nur einen Weg zum Aiki bedeutet. Nur die Integration des Prinzips des Aiki in das Aikido kann die Anwendung der zahlreichen Facetten dieser Kunst möglich machen.

Aiki besteht darin, sich mit dem Ki des Himmels und dem der Erde zu vereinigen. Aiki ist keine Eigenheit des Budo, sondern betrifft alle menschlichen Handlungen. Wendet man das Prinzip des Aikido auf Geschehnisse an, so wird man diese besser verstehen; handelt man nach denselben Prinzipien, werden die Handlungen leichter auszuführen sein. Dieses Prinzip wird im Alltagsleben, in zwischenmenschlichen Beziehungen, und in der modernen Wissenschaft angewendet.

Bujutsu und Budo wurden von Menschen geschaffen, die die Erfahrung des Grenzbereichs von Leben und Tod machten. Von einem unerschütterlichen Willen getrieben, haben sie die Anstrengungen verdoppelt, die Götter angerufen, unter Wasserfällen gebetet. Bujutsu und Budo sind nicht nur Techniken. Das Überwinden der Technik durch Askese gibt ihnen ihren Wert. Die Techniken sind die Früchte der Lebensumstände ihres Schöpfers: Ort, Zeit, menschliche Ebene. Falls Ihnen also die Gelegenheit dazu gegeben ist, erweitern Sie Ihren Horizont und üben Sie, sehen Sie zu, sobald Sie die Möglichkeit dazu haben.

Vergleichen Sie und sehen Sie, was Sie in Ihr Aikidotraining integrieren können, aber achten Sie sehr darauf, dass es nicht darum geht, andere Künste nachzuahmen oder eine Mischung zu bilden!...

1 • Taniya ryu – Iaijutsu
2 • Karate – ein Kata
3 • Kyudo
4 • Jukendo – die Kunst des Bajonetts

1 • Morishige Ryu hojutsu
2 • Yoryu hojutsu
3 • Takeuchi ryu jujitsu (eine Technik des Festnehmens)
4 • Judo, Hirano Sensei, Marseille etwa 1988
5 • Judo

1 • ein Kendo – Angriff
2 • Sumo
3 • Yagyushingan ryu katshiu heiho
4 • ein Kendo – Kata, Nippon Kendo gata
5 • Naginata

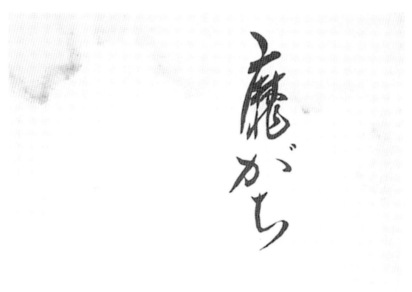

1 • Ogasawara Ryu: Bogenschießen zu Pferd
2 • Hikimenogi: zeremonielles Bogenschießen
3 • Jujitsu, suwariwaza
4 • Aikido, suwariwaza, O Sensei 1936

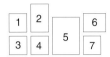

1 • Jujutsu : ushiro waza
2 • Jujutsu : Tantodori
3 • Aikido : ushiro waza, O Sensei 1936
4 • Aikido : Tantodori, N. Tamura
5 • Jujutsu : Taninzugake
6 • 7 • Aikido : Niningake

Aikikai, Tokyo 1989

DIE  REINIGUNG

Wegräumen können, was der Reinigung im Wege steht, und es wieder zurückstellen ist eine einfache Handlung, die die Achtsamkeit schult. Die Entscheidung, etwas wegzuwerfen oder etwas zu behalten, schult die Fähigkeit zur Entscheidung.

Das Aufwischen des Fußbodens ist eine ausgezeichnete Übung für Beine und Hüfte. Auch wenn eine Stelle sauber erscheint, genügt es, mit einem feuchten Lappen darüberzuwischen, um sich von dem Gegenteil zu überzeugen. Indem man das Wasser erneuert, die Putztücher auswäscht und den Boden reinigt, wird das Gefühl vermittelt, seinen eigenen Geist zu erfrischen.

Um aber am winterlichen Morgen seine Hände in eiskaltes Wasser zu tauchen, bedarf es Courage: Das „Sich-Gehen-Lassen" zu besiegen, ist ein integrativer Bestandteil der Übung.

Wenn die Bokuto, Jo, Schuhe, usw... an Ort und Stelle sind, ist der Anblick dieser Dinge für das Auge angenehm und sie sind leicht zu benützen. Es geht nicht darum, nur das ästhetische Empfinden zufriedenzustellen, sondern es ist auch eine natürliche Bildung, die dazu führt, die Wichtigkeit der Vorbereitung zu erkennen. Die dem Training gewidmete Zeit ist begrenzt. Die knappen Augenblicke davor und danach sind kurz. Es ist also notwendig, daraus den bestmöglichen Nutzen zu ziehen, um aufzuräumen, was ein gutes Training für Voraussicht und Organisation ermöglicht. Entscheiden, hier anzufangen, um da weiterzumachen und dort zu beenden, schult das Urteilsvermögen und die Fähigkeit zur Entscheidung. Die Reinigung zielt nicht nur darauf ab, das Äußere zu reinigen. Die Reinigung des eigenen Wesens ist die Folge. Was die Notwendigkeit erklärt, Stellen, die sauber erscheinen, immer wieder zu reinigen.

Der Lehrer sollte sich im vollen Bewusstsein seines Könnens nicht damit begnügen, die Reinigung von seinen Schülern ausführen zu lassen, es ist wünschenswert, dass er durch sein Beispiel eine Ermutigung sei, dieses zu tun. Ich möchte, dass Sie über diesen Gedanken von O Sensei nachdenken: „Aikido ist die Reinigung des Körpers. Man soll Staub und Unreinheiten des Körpers und der Seele entfernen."

Wenn Sie ein gut gereinigtes, sauberes und auf Hochglanz gebrachtes Dojo betreten, fühlt sich das Herz sofort bestärkt. Ich glaube ei-

Kinkakuji, Kyoto
Man muss den Staub und die Verunreinigungen des Körpers und der Seele entfernen ...

gentlich, dass sich das tägliche Training des Körpers und des Geistes auf diese Weise offenbart.
Um es richtig zu machen, sollte jeder freiwillig vor und nach dem Training das Dojo reinigen. Die Reinigung erlaubt, die Dinge einzuräumen, sie einzusortieren und zu ordnen.
Außerdem ist die Reinigung ein genauso gutes Training sowohl für den Geist als auch für den Körper.
Als ich Uchi-deshi war, gesellten wir uns zu den anderen Trainierenden, um gemeinsam nicht nur das Dojo, sondern auch den Eingang, die Flure, die Toiletten, die Umkleideräume, den Schlafsaal der Uchideshi und die Straße vor dem Dojo zu reinigen.
Die Reinigung lehrt vieles.
Um nur die Benützung des Besens als Beispiel zu nehmen: man sollte den Stiel mit leichter Hand halten und das Ki bis zu den Borsten fliessen lassen, ihn mit Behendigkeit, Leichtigkeit und Kraft benützen. Es ist das gleiche Prinzip wie für das Schwert oder den Stock. Diese Übung erlaubt, indem man alle Winkel und Ecken kehrt, selbst die versteckten Merkmale der Dinge wahrnehmen zu lernen.

DIE  ANFÄNGER

Lesneven 1989
Man muß mit Geduld unterrichten, und mit Freundlichkeit...

Wenn sich ein neuer Schüler vorstellt, um sich im Dojo anzumelden, sollte der Lehrer auf dessen Gesicht, Ausdrucksweise, Haltung und Kleidung achten, herausfinden, warum dieser Aikido lernen möchte und ob er beabsichtigt, über eine lange Zeit regelmäßig zu üben. Er sollte feststellen, ob dieser sich in die Gemeinschaft der Schüler ohne Schwierigkeiten einordnen wird.

Es scheint mir mehr als wünschenswert, diese Minimalprüfung vorzunehmen, bevor man einen neuen Schüler annimmt.

Den Erstbesten als Schüler anzusehen aus dem einzigen Grund, weil er seinen Beitrag entrichtet hat, weist auf eine kleinliche Haltung hin, die denjenigen dauernd beunruhigen muß, der die Aufgabe hat, die anderen zum Weg hinzuführen. Bevor man ihm Zutritt zum Dojo gewährt, sollte man den Anfänger informieren, ihm erklären, wie man Keigogi und Hakama trägt, wie diese zu falten sind, wie man sich beim Betreten oder Verlassen des Dojo verhält, wie man den Lehrer, seine Sempai und seine Partner grüßt. Es ist wichtig, dass der Lehrer den neu Hinzugekommenen den anderen Schülern vorstellt. Nachdem er den Älteren des Dojo vorgestellt wurde, könnte der Neue in die Gruppe integriert werden und wäre dann als Vollmitglied zu betrachten. Heute scheint es allerdings so, dass das Sekretariat des Clubs über die Aufnahmen entscheidet. Das Sekretariat jedoch sollte sich nur um die Verwaltung kümmern, während die Entscheidung (zumindest auf dem Gebiet der Lehre) in den Händen des Lehrers ruhen sollte. Es ist unmöglich, Budo zu treiben in einem Dojo, wo der Neuling unbekümmert die Matte betreten kann, sogar ohne dass er sich dem Lehrer vorgestellt hat und wo die Älteren dieses geschehen lassen, als ob es sie nichts anginge.

Es ist gut, dass der Neue Aikido anfängt, indem er die Basis der Ausübung wie Tai no henka, Ukemi usw... erlernt.

Aikikai Tokyo, etwa 1959 – der Doshu und N. Tamura
....Schritt für Schritt zu einem intensiveren Training hinführen.....

Man sollte sich mit Geduld, Freundlichkeit, Aufmerksamkeit und Präzision um den Anfänger kümmern, um ihn nach und nach zu einem intensiveren Training zu führen, so dass man ihn Wesen und Sinn des Aikido wahrnehmen lässt. Zu Beginn weiß keiner so recht, was zu tun ist, und jeder fühlt sich verloren. Es ist die Aufgabe des Lehrers, so etwas zu vermeiden. Ein Anfänger, der alleine, ohne Partner, am Rande der Tatami steht, ist der Beweis, dass die Älteren des Dojo nicht erzogen wurden.

Sie haben nicht verstanden, im Rahmen der Ausübung, die Harmonie zwischen den Menschen zu bewahren. Sie haben nicht verstanden, auf die Gefühle des Partners zu achten. Der Lehrer sollte sich der Aufgabe widmen, diese Arbeitsatmosphäre zu schaffen, so dass auch bei seiner Abwesenheit die Ranghöheren oder die Älteren die größte Aufmerksamkeit hierauf richten und in diesem Sinne handeln. Diese Erziehung geschieht jeden Tag.

Tatsächlich sollte eine solche Atmosphäre im Dojo entstehen, ohne dass man in diesem Sinne einzuschreiten hat. Es ist unerlässlich, dass jeder diese Grundhaltung kennt und anwendet. So wird der Anfänger dank der Atmosphäre, die dort herrscht, zwanglos in ein solches Dojo einbezogen.

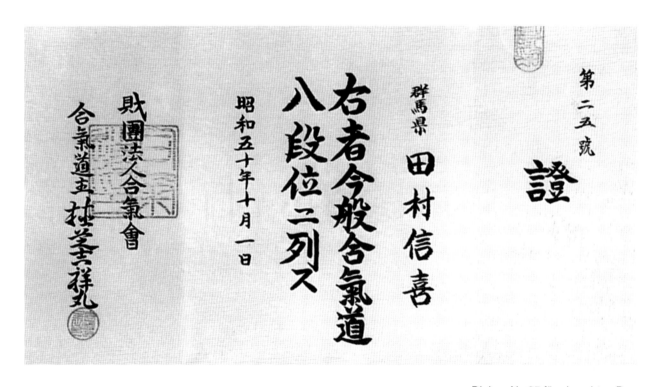

Diplom Nr. 25 für ein achtes Dan
An Tamura Shihan übergeben am 1. Oktober 1975

 # DIE GRADUIERUNGEN

GESCHICHTLICHE DARSTELLUNG

Das Dan der Graduierungen des Judo oder des Aikido schreibt sich mit einem Zeichen, das „Grad", „Stufe" bedeutet.

Auf einer Treppe steigt man Stufe für Stufe hinauf oder hinab, man kann sie nicht auf einmal nehmen, wie mit einer Rolltreppe oder einem Aufzug. Dieses Wort enthält den Begriff der Trennung und zeigt die notwendige Methode an, um zu einem Ziel zu gelangen. Aus diesem Grunde wurde es, meines Erachtens, ausgewählt, um Graduierungen zu bezeichnen. Alles in allem ist das Erscheinen dieses Systems der Graduierungen in der Welt des Budo neu.

Kano Jigoro, der Gründer des Judo, soll es während der Meiji-Ära (1868-1912) eingeführt haben. In den früheren Bujutsu waren die Titel der vorhandenen Graduierungen Inka, Menkyo, usw... Diese Systeme existieren immer noch in den heutzutage noch ausgeübten Bujutsu und klassischen Budo (Kobudo). Es enthielt folgende Klassifizierungen:

- Shoden
- Chuden
- Okuden
- Menkyo Kaiden
- Mokuroku, Inka

(Zertifikate oder Titel, durch die traditionellen Schulen verliehen entsprechend dem Menkyo Kaiden). Dieses System sorgte für die Überlieferung der Geheimnisse dieser Kunst an die Schüler.

Shoden: Erste Überlieferung dessen, was man weitergibt, um anzufangen.

Chuden: mittlere Überlieferung, die sicherstellt, dass die Hälfte des Weges zurückgelegt worden ist.

Okuden: gründliche Überlieferung der wesentlichen Lehren, im verborgenen Sinne, d.h.: Okugi, higi.

Menkyo Kaiden: Zertifikat und Titel desjenigen, dem alle Geheimnisse vorbehaltlos übermittelt worden sind.

Derjenige, der das Menkyo Kaiden erhalten hatte, konnte berufen werden, Nachfolger seines Meisters zu werden oder einen Zweig der von seinem Meister gelehrten Schule zu gründen.

Das System der Inka oder Menkyo Kaiden (Überlieferungszertifikat) oder der Dan ist mit der Lehrmethode unlöslich verbunden.

Das progressive System der Zertifikate der Überlieferung, das von einfachen zu schwierigen Techniken führt, mag als vollkommen logisch erscheinen. Wechselt man jedoch den Standpunkt und sieht das aus der Sicht des Bujutsu, das über Leben und Tod entscheidet, so ist es nicht mehr möglich zu vergessen, dass der Meister – obwohl man von Schülern spricht und in dem Maße in dem, innerhalb dieses Systems, die Persönlichkeit des Schülers direkt betroffen ist – vorsichtshalber weder alle Techniken noch deren ganzen Inhalt auf einmal lehren wird.

Im Verlaufe der Jahre des Lehrens kann der Meister die Technik, das Verhalten und Handeln seines Schülers beobachten. Dann vermag er mit Sachkenntnis nur demjenigen, der es verdient, ein Zeugnis zu verleihen (Okugi, Inka, Menkyo Kaiden).

Man sollte darüber nachdenken, dass sowohl Kuden (mündliche Überlieferung), und I'shisoden (Überlieferung an einen einzigen Sohn), als auch das Verbot, vor Erlangung des Menkyo Kaiden Herausforderungen zwischen Schulen anzunehmen oder zu provozieren, darauf hinzudeuten scheinen, dass die Lehre nicht in ihrer Vollständigkeit übermittelt wurde.

Nun ist das moderne Budo die Frucht einer Friedensepoche. Das ist der Grund, dass er mehr nach geistiger und physischer Entwicklung, als nach Vollkommenheit der Techniken strebt. Vom Anfang des Lernens an werden die Techniken in ihrer Gesamtheit preisgegeben, an den Techniken an sich ändert sich nichts, alleine die Ausführung entwickelt sich zur gleichen Zeit wie der Ausübende sich verfeinert und verändert. Der Fortschritt ist so gegliedert, dass Körper und Geist sich gemeinsam entwickeln. Die Dan-Graduierungen sind die Grenzsteine dieser Entwicklung.

Vor dem Krieg und bis zum Ende des Zweiten Weltkrieges verlieh die Universität des japanischen Budo, Butokukai, Grade und Lehrtitel. Diese Titel sind Renshi, Kyoshi, Hanshi. Sie umfassen die Graduierungen vom ersten bis zum zehnten Dan.

Es ist gut, bei dem zu verweilen, was Hanshi darstellt:

• Die Mindestgraduierung eines 5. Dan, ein ordentliches soziales Leben und beträchtliche Kenntnis des Budo sind die erforderlichen Bedingungen, um nach dem Kyoshi-Titel zu streben.

Nach 7 Jahren und mit mehr als 60 Jahren kann man die nächste Stufe anstreben: also die des Hanshi.

•• Die technische Kenntnis hat dann die Perfektion erreicht. Der Trainierende ist außerdem, durch sein Beispiel eines tadellosen sozialen Verhaltens, ein Vorbild für die Anderen.

••• Das Ergebnis der zugunsten des Budo unternommenen Handlungen offenbart sich auf allen Ebenen.
Also zeigt der Titel Hanshi die Zusammenfügung folgender Elemente auf: Technik, Herz, Einsatzbereitschaft für seine Disziplin.
Im Rahmen des Systems der Graduierungen Kyu-Dan muss jeder seinen eigenen Platz im System der Lehrbefugnisse finden; die Rechtfertigung dieses Systems der Graduierungen ist es zu helfen, das Niveau seiner Arbeit abzuschätzen und deren Zielsetzung zu verstehen.
Wie die Stufen einer Treppe müssen die Dan-Grade mit einem unerschöpflichen Willen nach Fortschritt einer nach dem anderen erworben werden. Heute werden in Japan die Graduierungen im Zusammenhang mit den drei nachfolgenden Punkten verliehen:

– Technik
– Persönlichkeit und Vollendung
– Das, was der Trainierende als Gegenleistung seiner Kunst widmet.
Auch wenn seine Technik ausgezeichnet ist, wird ein Trainierender, dessen tägliches Leben in Unordnung oder dessen Charakter instabil ist, nicht zu den höchsten Graduierungen gelangen. Im Gegenteil, ein langjähriger Trainierender, dessen Technik zu wünschen übrig lassen mag, der aber große Qualitäten an den Tag legt und der seiner Disziplin große Dienste erwiesen hat, könnte erleben, dass ihm eine hohe Rangstufe entweder als normaler Grad oder als Ehrengrad verliehen wird.
Obgleich Ehrengrade ohne ausdrückliche Erwähnung verliehen werden können, sollte man bedenken, dass der Empfänger nicht den Fehler begehen wird, sie als etwas anderes zu betrachten, als sie sind. Einige Länder, so wie Frankreich, verleihen heute Graduierungen auf nationaler Ebene. Doch will es der herkömmliche Brauch, dass jede Schule, Organisation, Verband oder Leiter einer Schule seine eigenen Graduierungen verleiht.

Heute kehrt das Aikikai zur alten Tradition zurück und verleiht zu Lebzeiten keine höhere Graduierung mehr als die des 8. Dan. Es ist wichtig, sich zu erinnern, dass die angegebenen Stufen den Minimalkenntnissen entsprechen und dass es nicht genügt, über eine annähernde Kenntnis dieses Minimums zu verfügen, um irgendeine Graduierung zu beanspruchen.

Wir werden nachstehend das System der Graduierungen des Aikikai angeben:

ZAIDAN HOJIN AIKIKAI

Offizielle Vorschriften zu den Graduierungen

Punkt I • Allgemeines

— Die Graduierungen gehen vom 1. bis zum 8. Dan. Insgesamt berücksichtigen sie die technischen Fähigkeiten, die Erfahrung und die der Disziplin erwiesenen Dienste.

— Die Graduierungen werden vom Aikido Doshu verliehen. Es gibt 2 Formen der Verleihung: die Prüfung und die Empfehlung.

Punkt II • Regeln für den Erwerb

Die Bewerber für die Erlangung eines Dan müssen unbedingt zwei Bedingungen erfüllen:

1 - Mitglied des Aikikai sein
2 - eine der folgenden Bedingungen erfüllen:

• Bei der Anmeldung zur Prüfung des 1. bis 4. Dan nachstehend dargestellte Mindestbedingungen erfüllen:

    siehe Tabelle Seiten 90-91
•• Graduierungen auf Empfehlung (1. bis 8. Dan), Mindestbedingungen für die Qualifikation.

Besondere Fälle:

In folgenden Fällen kann das Aikikai die Bedingungen der Anwendung von Punkt II nach Beratung oder auf Vorschlag des Ausschusses für Grade verändern (siehe Punkt III):

• Im Falle eines erkannten Bedarfes kann ein Grad einem versierten Lehrer zugeteilt werden,

•• ebenso an einen besonders fleissigen Schüler, der über eine ausserordentliche Kenntnis des Aikido verfügt.

Punkt III • Ausschuss für höhere Grade

Personen, die ermächtigt sind, Kandidaten vorzuschlagen (entweder zur Prüfung oder auf Empfehlung). Die Prüfungskommissionen werden für 5 Jahre oder für mehrere Mandate ernannt.

Der Ausschuss setzt sich aus Hochgraduierten zusammen, die zumindest den 7. Dan erreicht haben, Mitglieder des Aikikai oder von an das Aikikai angeschlossenen Organisationen und vom Aikikai bestimmt sind.

Dan	Jahre der Ausübung	Alter	Zeitpunkt der Verleihung
1	mind. 2 Jahre nach der Anmeldung	älter als 20	
2	mehr als 2 Jahre nach dem 1. Dan		
3	mehr als 3 Jahre nach dem 2. Dan		Normalerweise einmal im Jahr anläßlich des Kagamibiraki (Neujahr)
4	mehr als 4 Jahre nach dem 3. Dan		
5	mehr als 5 Jahre nach dem 4. Dan		
6	mehr als 6 Jahre nach dem 5. Dan	älter als 33	
7	mehr als 12 Jahre nach dem 6. Dan	älter als 45	
8	mehr als 15 Jahre nach dem 7. Dan	älter als 60	

Punkt IV •

• Vom 1. bis zum 4. Dan
Die Graduierungen können von dem Ausschuss für höhere Grade oder von einem Prüfungsausschuss verliehen werden.
• 5., 6. Dan
Sie können vom Ausschuss für höhere Grade verliehen werden. Alle diese Graduierungen sind der Zustimmung des Aikikai unterworfen.
• 7., 8. Dan
Diese Graduierungen werden vom Aikikai und mit der Autorisierung des Doshu verliehen.

Besondere Fälle

Im Falle eines außergewöhnlichen Verdienstes kann der Doshu, ohne Punkt 1 zu berücksichtigen, den 9. oder 10. Dan verleihen.

Punkt V •

Im Falle einer Beanstandung kann ein Kandidat veranlasst werden, sich für eine Graduierung erneut zu melden.

Punkt VI • Ehrengrade

Sie werden im Zusammenhang mit den nachstehend festgelegten Kriterien ohne Punkt 2 zu berücksichtigen, verliehen. Sie werden vom Doshu verliehen. Graduierungen können ausnahmsweise posthum verliehen werden.

Dan	Jahre
3	...
4	über 5 Jahre
5	über 5 Jahre
6	über 10 Jahre
7	auf Vorschlag des Aikikai und aufgrund
8	der letztendl. Einwilligung des Doshu

Punkt VII • Kokusai Yudansha Sho . Internationaler Yudansha-Ausweis

Die Inhaber des 1. Dan oder höherer Grade müssen im Besitz eines internationalen Yudansha-Ausweises sein.

Punkt VIII • Eintragungs- und Anmeldegebühren

Prüfungs-, Anmeldungs- und sonstige Gebühren erscheinen im Anhang. Ausländische Dan werden nach den gleichen Vorschriften geregelt.

* Die ausländischen Dan-Grade sind denselben Regeln unterworfen

ZAIDAN HOJIN

Programm der erforderlichen Kenntnisse

Niveau	Mindest-dauer	IKKYO	NIKYO	SANKYO	YONKYO	GOKYO
5. Kyu	+ 30 Tage	Shomen uchi				
4. Kyu	+ 40 Tage	Shomen uchi	Kata dori			
3. Kyu	+ 50 Tage	Shomen uchi — Suwari waza & Tachi waza					
2. Kyu	+ 50 Tage	Shomen uchi / Kata dori	Suwari waza & Tachi waza				
1. Kyu	+ 60 Tage	Shomen uchi / Yokomen uchi / Kata dori — Suwari waza & Tachi waza — Ushiro ryote dori : Tachi waza				Yokomen uchi
1. Dan	+ 70 Tage	Übung ohne Waffe, Suwari waza & Hanmi Handachi					
2. Dan	1 Jahr	Tanto dori • Futari gake					
3. Dan	2 Jahre	Tachi dori • Jo dori • Taninzu gake					
4. Dan	2 Jahre + 22 Jahre	Jiyu waza					
Anmerkungen		1 Tag = 1 Tag effektiver Übung 1 Jahr = mindestens 200 Tage effektiver Übung Bei der Prüfung sollte prinzipiell der Partner von Gleicher Graduierung wie der Kandidat selbst sein. Die Kandidaten sollen die gleiche Technik recht und links, Ura und Omote bis zum Befehl der Beendigung ausführen.					

AIKIKAI

für Kyu und Dan Prüfungen

SHIHO NAGE	IRIMI NAGE	KOTE GAESHI	KAITEN NAGE	TENCHI NAGE	JIYU WAZA	KOKYU HO
Katate dori	Shomen uchi					Suwari waza
Yokomen uchi	Shomen uchi					Suwari waza
Ryote dori	Shomen uchi • Tsuki			Ryote dori		Suwari waza
Hanmihan dachi Katate dori	Shomen uchi Tsuki Katate dori		Katate dori	Ryote dori	Katate dori	Suwari waza
Katate dori Ryote dori Hanmihan dachi & Tachi waza	Shomen uchi Tsuki Katate dori			Ryote dori	Katate Ryote & Morote dori	Suwari waza & Tachi waza

Tachi waza: Men uchi • Kata dori • Mune dori • Hiji dori • Te ushiro dori

Mündliche Prüfung : „Eindrücke über Aikido"

Mündliche Prüfung : vorgeschriebenes Thema

Schriftliche Abhandlung

2 Jahre = mindestens 300 Tage effektiver Übung

Prüfung, Marignane 1991

DIE PRÜFUNGEN

Die Prüfungskommission

• Da die Prüfungskommission allein verantwortlich ist, trägt sie die ganze und uneingeschränkte Verantwortung für ihre Entscheidungen. Sie sollte also unparteiisch und gerecht entscheiden, um sich nicht der Kritik auszusetzen.

•• Der Prüfer sollte sich demnach in die Lage des Kandidaten versetzen und ihn in diesem Sinne beurteilen.

••• Der Prüfer sollte fähig sein, mit Seelengröße zu urteilen, und diese Aufgabe gebührt nur dem Menschen, der imstande ist, ein gerechtes Urteil zu fällen, was bedeutet, dass er nicht nur talentiert, sondern auch ein Mensch von großer Erfahrung sein sollte.

Verhaltensweise während der Prüfungen

Es ist offensichtlich, dass das richtige Verhalten während einer Prüfung zuvor von den Lehrern gelehrt werden sollte. Die einzige Daseinsberechtigung der Kyu- oder Dan-Prüfungen im Aikido besteht in einer Kunst, in der es keinen Wettkampf gibt darin, seine eigenen technischen Fortschritte, sowie das erreichte geistige Niveau selbst zu messen. Also kommt es darauf an, die Ergebnisse seiner täglichen Übungen, im Sinne der Einheit des Ki, des Herzens (Kokoro), des Körpers und der Technik ganz offenbaren zu können. Während der Prüfung reihen sich die Techniken mit Schnelligkeit, Genauigkeit und Kraft aneinander: die Kraft des Körper muss sich sowohl in Festigkeit wie in Ausdauer ohne Unterbrechung ausdrücken.

Gelassenheit und Kühnheit des Herzens sollten eine technische Ausführung mit akkurater Genauigkeit beseelen. Jede Bewegung sollte ohne Angst, ohne Zögern, ohne Arroganz mit totalem Engagement des Körpers und des Geistes ausgeführt werden. In dieser Hinsicht ist es gut, seine tägliche Übung auf dieses totale Engagement auszurichten; das wird es bei den Prüfungen erlauben, ohne irgendwelche Änderung im Vergleich zum normalen Training entspannt und locker zu sein und eine weit ausholende Bewegung beizubehalten, ohne sich von irgend etwas ablenken zu lassen. Man muß frei bleiben.

Bei der Bekanntmachung der Prüfungsergebnisse habe ich sagen hören, dass manche sich geschädigt fühlten. Es handelt sich um ein ungehöriges und unbegreifliches Verhalten, das besser stillschweigend übergangen werden sollte!

Wenn es Ihnen gelungen ist, die Ergebnisse Ihrer täglichen Übung voll und ganz auszudrücken, sollten Sie sich glücklich schätzen, selbst wenn Sie bei der Prüfung durchgefallen sind.

Selbst wenn Sie eine Prüfung mit Erfolg abgelegt haben, brauchen Sie darauf nicht stolz zu sein, wenn Sie diese Bedingungen nicht erfüllt haben. Durchfallen und die Verantwortung dafür auf die Prüfungskommission abzuwälzen, stellt Sie auf das niedrigste Niveau; erhoffen Sie sich nicht, eines Tages irgend etwas vom Aikido zu verstehen, wenn Sie derart starrsinnig sind!

Zu denken, dass die Kommission parteiisch sei, ist ganz einfach der Beweis, dass Ihr Herz parteiisch ist. Man sollte der Kommission dafür danken, dass sie Sie auf die schlechten Aspekte Ihres Verhaltens, Ihrer Technik hingewiesen hat, statt ihr böse zu sein, und zu denken, dass diese Kommission von Aikido nichts versteht. Und angenommen – im äußersten Falle -, die Kommission würde wirklich nichts verstehen...würde dies irgend etwas an Ihrer Arbeit ändern?

Auch wenn Sie im ersten Moment die Absichten der Kommission nicht verstanden haben, wird eine Zeit kommen, in der Sie verstehen werden, dass Sie dank dieses momentanen Misserfolges mehr arbeiten mußten und dadurch Ihre Technik und Ihr Geist um so mehr Fortschritte gemacht haben. Sicherlich wird es Ihnen gelingen, dieser Kommission zu danken, die es Ihnen erlaubt hat, sich ohne Überheblichkeit und ohne Selbstgefälligkeit zu entwikkeln. Es ist, glaube ich, diese Einstellung, die „Wa" ausdrückt, wovon O Sensei sprach: Harmonie und Frieden. Der Friede liegt nicht nur in einem selbst, er kann nur gleichzeitig „in" und „um" einen selbst existieren. Aikido ist ein zweischneidiges Schwert: wenn man den Gegner in zwei Teile geschnitten hat, sollte man wissen, dass man sich selbst in zwei Teile geschnitten hat. Lässt man den Gegner leben, hat man sich selbst gerettet. Das heißt mit anderen Worten, dass man die Dualität Gegner/Selbst nicht aufkommen lassen sollte. Nehmen wir als Beispiel den Fall einer absolut parteiischen und ungerechten Prüfungskommission. Eine solche Kommission wird auch an einer guten Prüfung nichts auszusetzen haben, selbst wenn sie unter diesem Bann steht: mit dieser Geisteshaltung sollten Sie antreten. Wenn Sie trotz alledem durchfallen, sollten Sie sich nicht entmutigen lassen.

Nützen Sie das, um Ihre Schwächen zu verbessern. Bleiben Sie aufrecht und würdig, ohne irgend jemandem böse zu sein, und es ist wahrscheinlich, dass die Kommission, die Sie durchfallen ließ, sich schämen wird. Wenn Sie eine Graduierung erhalten, die Sie nicht verdient haben, sollten Sie wissen, dass Sie sie nur deshalb bekommen haben, weil man Ihnen ausdrücklich verständlich machen wollte, dass Ihnen jede Möglichkeit einer weiteren Entwicklung künftig verschlossen ist. Im Gegenteil, dass Ihnen eine Graduierung verweigert wird, sollten Sie als eine Aufforderung zu einer gründlicheren Arbeit verstehen, zu der Sie fähig sind.

Verhaltensweise eines Kandidaten, der eine Dan-Prüfung abgelegt hat

Jeder ist glücklich, eine Dan-Prüfung erfolgreich abgelegt zu haben. Dennoch ist das kein Grund, das Dojo zu verlassen ohne zu grüßen oder sich zur Gratulation auf den Tatami zu umarmen, ein Verhalten, das man nicht fördern sollte. Eine Graduierungsprüfung abzulegen oder einen Wettkampf zu gewinnen sind zwei Handlungen ganz verschiedener Art. Das Erste, was man tun sollte, ist den Mitgliedern der Prüfungskommission, dann seinem Lehrer und seinem Sempai zu danken, erst von da an darf man seine Freude mit seinen Freunden teilen. Auch in der ersten Zeit meines Aufenthaltes in Frankreich boten die Trainierenden, die gerade ihre Prüfung bestanden hatten, ihren Lehrern und Freunden eine kleine Feier in einer Bar, und man zögerte nicht, eine Flasche Champagner zu öffnen. Auch als ich Uchideshi war, bereiteten Leute der traditionellen Erziehung zum Dank dem Sensei, ihren Sempei- und Aikido-Freunden eine Mahlzeit.

Zweifellos ist es für junge Leute etwas schwierig, dies finanziell zu tragen, aber ist es unmöglich, wenigstens eine Geste zu zeigen und zum Beispiel einen Aperitif zu spendieren, um dieses Ereignis zu unterstreichen? Und wenn dies noch zuviel verlangt ist, sollte es zumindest möglich sein, jedem dankeschön zu sagen. Es steht fest, dass, wenn man eine Prüfung mit Erfolg absolviert, es der Arbeit, den Bemühungen und den persönlichen Anlagen zu verdanken ist. Man sollte jedoch deshalb nicht vergessen, an die erhaltene Hilfe des Lehrers, der Sempei und die Aufmunterungen durch seine Kamaraden zu denken. Man sollte also die Schüler in diesem Sinne erziehen. Es ist gut, Bemerkungen über sein eigenes Verhalten bei der Prüfung anzuhören und die Meinung seines Lehrers und der Älteren zu erfragen, um daraus eine Basis für die Arbeit zu schaffen.

Zeremonie der
Überreichung der Graduierungen

Überreichung des Diploms
Aix 1990

1 • man steht auf
2 • 3 • man geht bis zu dem Platz gegenüber des Präsidenten der Jury und grüßt
4 • man nähert sich bis etwa auf 2 m der Jury
5 • man setzt sich in das Seiza
6 • man grüßt
7 • das Diplom wird verlesen
8 • vorgehen, indem die Hüften nach vorne gerichtet bleiben
9 • man nimmt das Diplom in Empfang, indem man den Oberkörper leicht nach vorne beugt

1 • man kehrt bis zum Ausgangspunkt im shikko zurück
2 • man legt das Diplom hin
3 • man grüßt, steht auf, geht auf die Jury gewendet bis zum Ausgangspunkt zurück
4 • man grüßt und kehrt an seinen Platz zurück

Ki ku (s. S. 20)
Kalligraphie von Ueshiba Morihei

27. jährliche Gala des japanischen Aikido-Verbandes
Budokan, Mai 1989

DIE VORFÜHRUNG

DIE WELT DES BUDO

Nicht nur im Aikido, sondern auch in der Welt des Budo im allgemeinen, waren die Vorführungen traditionell nicht öffentlich. Selbst bei Majong oder Schach richtet man es so ein, dass man sein Spiel vor dem Gegner verbirgt. Ebenso gibt es keine Nation, die ihre Streitkräfte oder ihre Strategie einem etwaigen Gegner enthüllt. Im Budo-Training waren einst die Techniken in Kuden, Hiden Okugi eingeteilt und wurden nur an ausgewählte Schüler weitergegeben. Einige dieser Vorführungen wurden vor Landesherren gemacht, meistens jedoch wurden sie nur in der Absicht ausgeführt, in den Dienst eines Clans aufgenommen zu werden, was nicht der modernen Vorstellung einer Vorführung entspricht, sondern der eines Wettkampfes (Shihai). Es gab auch Vorführungen zum Gedächtnis, ausgeführt in heiligen Stätten, entweder zur Freude der Götter oder um von seiner eigenen Vollendung Zeugnis abzulegen.

Aikikai 1961
Gelegentlich hat O Sensei Aikido öffentlich vorgeführt

Paris 1975, Salle Pleyel
Der Doshu, Waka Sensei, Chiba Sensei, Suganuma Sensei

1 • O Sensei und N. Tamura: eine Vorführung
2 • N. Tamura, Taninzu gake, dritter Kongress des Internationalen Aikido-Verbandes
3 • N. Tamura, Kokyunage
4 • O Sensei und N. Tamura, Altes Aikikai 1959
5 • N. Tamura, Brüssel 1978

AIKIDO UND VORFÜHRUNGEN

O Sensei gab öfters Vorführungen auf der heiligen Bühne der Shinto Tempel. Er hat seinen Schülern die öffentliche Vorführung des Aikido erst ab 1956 erlaubt. Vorher wurde Aikido nur im Dojo vor ausgewählten Gruppen und von O Sensei selbst vorgeführt.

Mit zunehmendem Bekanntheitsgrad kam es vor, daß O Sensei Aikido öffentlich vorführte, aber in diesem Falle ließ er es ganz strikt bei einem kurzen Erscheinen bewenden. In einer Kunst ohne Wettkampf wie Aikido ist es gut, bei Graduierungsprüfungen oder Vorführungen den Kampfgeist zu finden und auszukosten. Tatsächlich neigt jeder Mensch, auf den es fällt, eine Vorführung vor anderen Menschen zu geben, dazu, verkrampft zu sein, denn er möchte es richtig machen und seine Leistung nicht verfehlen. Es ist das Gleiche, wie wenn man zum Kampf geht und denkt, dass man siegen und nicht besiegt werden will.

Le Raincy 1990
Vorführung anläßlich des Besuches des Doshu zur Feier des 25. Jahrestages der Ankunft Tamura Senseis in Frankreich

Um zu siegen, sollte man seine Emotionen hinter sich lassen: ohne Gelassenheit ist es unmöglich, zur richtigen Einschätzung zu gelangen. Es ist bei der Vorführung wie beim Kampf: alle destabilisierenden Emotionen sollten abgelegt werden. Um unerschütterlich, gelassen und kaltblütig zu bleiben, wenn sich Unvorhergesehenes ereignet, sollte man sich im Alltag darauf vorbereiten. Wenn man eine Vorführung in diesem Sinne ausführt, steht dem nichts entgegen.

Wenn man imstande ist, die Ergebnisse seiner täglichen Übung vorbehaltlos zu zeigen, ist es richtig, und dann spielt das Niveau keine Rolle.

Man sollte auch daran denken, Leuten, die das Aikido entdecken, es bestmöglich vorzuführen und zu erklären. Man soll danach streben, ohne Erklärung das wahrnehmbar zu machen, was hinter der Technik steht. Eine solche Vorführung ist gut für den Trainierenden. Eine gezierte technische Virtuosität von einem, der sich bei Vorführungen zur Schau stellt, wird ihrem Urheber in den Augen derjenigen, die wissend sind, nur eine Blamage in Höhe seiner Angeberei verschaffen. Wie dem auch sei, zu Reklamezwecken ausgeführte Vorführungen sind nicht wünschenswert, zumindest was das Aidido betrifft.

Mit einem Wort, vergessen wir nicht, wenn es um Vorführungen geht, dass sie sowohl im Sinne der Entwicklung und der persönlichen Arbeit, als auch im Sinne einer Sebsterniedrigung genützt werden können, es hängt nur von der Haltung des Herzens ab.

O Sensei und N. Tamura, altes Aikikai
Vorführung zum Neuen Jahr

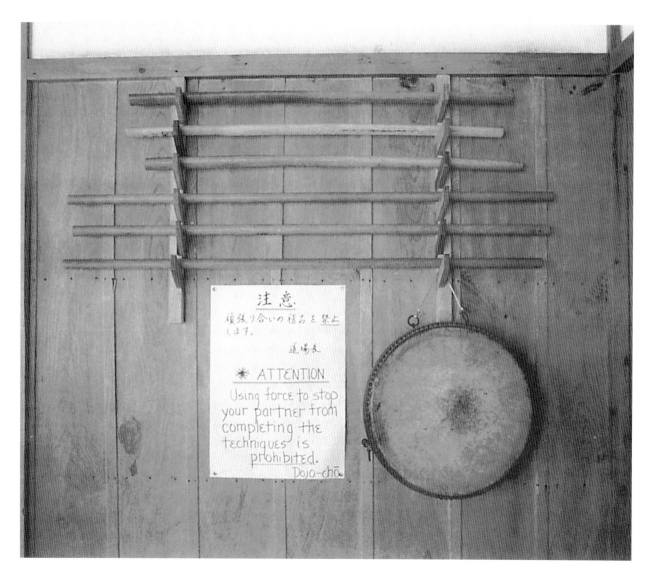

Waffenhalterung in Iwama
*Auf der Notiz steht: Die brutale Anwendung der Kraft während des Trainings ist verboten.
Gezeichnet: der technische Direktor (M. Saito)*

DIE AUSRÜSTUNG

Keikogi • Keiko-obi • Keikobakama

▲
N. Tamura, Madrid 1989

Frau Ueshiba legt letzte Hand an die traditionelle Kleidung
▶

Für das Training (Keiko) trägt man ein Keikogi (Hose und Jacke) ohne irgendwelche Unterwäsche (Frauen tragen jedoch ein Unterhemd). Nachdem man den Gürtel (Keiko-obi) fest geschnürt hat, zieht man das Trainings-Hakama (Keikobakama) an.

Diese Kleidung, die früher täglich von den Samurai getragen wurde, ist an das Training angepasst. Es bietet folgende Eigenschaften:
• Bequemlichkeit, es engt die Bewegung nicht ein
• Haltbarkeit
• Gute Schweißabsorption

Der bemerkenswerteste Punkt ist, dass sich die Haltung dadurch verbessert und folglich der Geist gestärkt wird, wenn diese Kleidungsstücke korrekt getragen werden.
Wenn man zu den Pfadfindern stößt, trägt man deren Uniform, wenn man zur Armee kommt, trägt man vor allem deren Uniform, was natürlich ein Gefühl der Zusammengehörigkeit erzeugt. Es ist das Gleiche im Aikido; die Tatsache, die traditionelle Kleidung der Samurai anzuziehen, erlaubt dem Aikidoka, sich von Beginn an dem Training mit vereintem Körper und Geist zuzuwenden.

Keikogi

Es ist gleichgültig, ob die Kleidung diejenige des Judo, des Karate oder des Kendo ist, vorausgesetzt, dass sie weiß und aus Baumwolle ist. Es stimmt jedoch, dass die Kleidung aus dichtem Reiskornmuster vorzuziehen ist, denn sie ist widerstandsfähiger und nimmt den Schweiß besser auf. Frauen können ein Band hinzufügen, um zu vermeiden, dass sich die Jacke vorne öffnet.
Der linke Revers bedeckt den rechten. *Nur die Toten werden umgekehrt angezogen. Der rechte Revers bedeckt den linken.*

Keikogi (Hose und Jacke)

• Die Hose

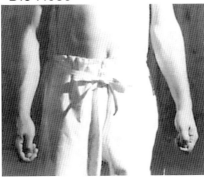

Sowohl die Knieschützer als auch die Hosenschlaufen sind vorne angebracht. Diese Schlaufen benützt man, um die vorne geknoteten Bänder des Gürtels zu halten.

• Zusammenlegen des Keikogi

1	2
3	4

1 • die Hose ausbreiten
2 • einmal zusammenfalten
3 • den Teil zwischen den Beinen einfalten
4 • der Länge nach zusammenfalten

Zusammenfalten des Keikogi (Fortsetzung)

1	2
3	4
5	

1 • Die Jacke schön flach legen
2 • 3 • Beide Seiten der Länge nach so falten, dass sie sich im Zentrum berühren. Man sollte vemeiden, dass die Ärmel hervorschauen.
4 • die Hose auf die Jacke legen
5 • Das Ganze wieder zusammenfalten

Keiko-obi

- Es ist erlaubt, einen Judogürtel zu tragen, jedoch ist es besser, wenn man das Hakama trägt, einen Gürtel zu verwenden, ähnlich dem, der im Iai benutzt wird.

Die Länge von 3,50 m im Durchschnitt erlaubt es, den Gürtel dreimal um die Hüfte zu schlingen und zu knoten. Die Breite schwankt zwischen 6 und 8 cm. Nur die Yudansha tragen weiße, indigoblaue oder schwarze Gürtel. Der Gürtel ist aus Baumwolle.

- Wie man den Gürtel knotet:

Diese Art, den Gürtel zu knoten, ist die klassischste (s. Photos S 115 und 116), sie birgt jedoch beim Training Gefahren für die Wirbelsäule.

Deshalb begnügt man sich, ihn durch einen einfachen Knoten zu schließen, der sich leicht ausführen lässt, wenn man vorher daran gedacht hat, ein unterarmlanges Stück am Beginn des Wickelns um die Hüften hängenzulassen. Es bleibt dann noch, die freien Enden um den Gürtel zu schlingen (s. Photos S. 117)

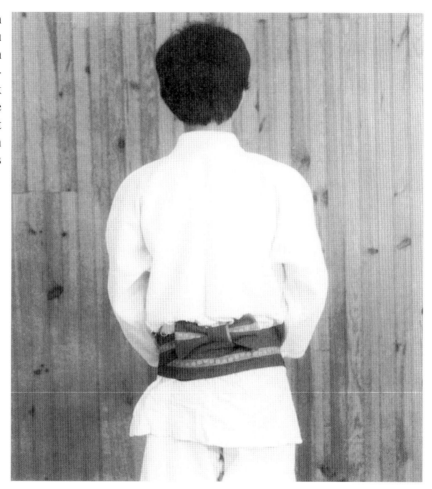

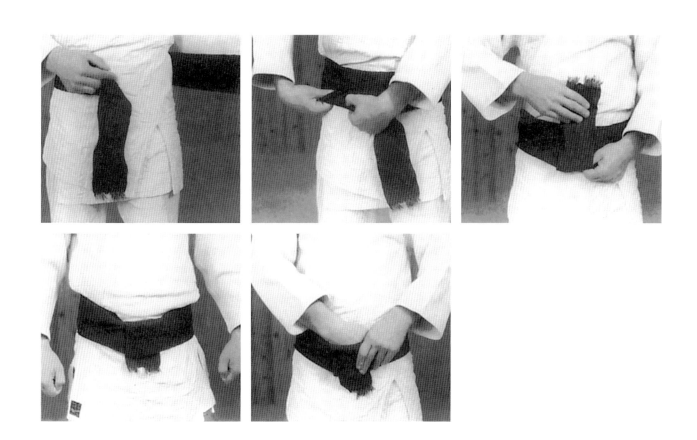

Zusammenfalten des Obi

	1	2
3	4	5

1 • 2 • Das Obi kann gerollt
3 • 4 • 5 • oder zusammengefaltet
werden.

Keikobakama

Dieses Hakama wurde von den Reitern verwendet, es ist wie ein Hosenrock und üblicherweise aus indigoblauer oder schwarzer Baumwolle hergestellt. Heute findet man synthetische Stoffe, deren Pflege leichter ist und die die Falten besser beibehalten. Das Hakama soll den äußeren Fußknöchel erreichen, ist es länger, wird es hinderlich.

N. Tamura, Aix 1990

Wie das Hakama zu tragen ist

Selbstverständlich sollte man einen Fuß in jedes Bein stecken....(3) Theoretisch wird er über dem Gürtel mit einem Abstand von 3 cm getragen, aber die praktischen Erfordernisse bringen einige Veränderungen mit sich (1. 2.).

Zuerst das Vorderteil über den Gürtel legen (4). Beide vordere Bänder des Hakama hinter sich kreuzen (5), sie unter den Gürtel nach vorne bringen und sie wieder kreuzen (6. 7.). Die vorderen Bänder werden normalerweise hinten geknotet (8), das ist aber im Rahmen des Aikido-Trainings zu vermeiden, denn es besteht eine Gefahr für die Wirbelsäule beim Ukemi. Man sollte also auf der Seite (1. S. 122) oder, wenn die Länge der Bänder es erlaubt, diese vorne knoten.

1	3	4	5
2	6	7	8

Es ist zu empfehlen, die hinteren Bänder unter die oberen vorderen in Hüfthöhe zu ziehen (3) um sie zum Schluss vorne mittels eines Weberknotens zusammenzubinden, der die vorderen Bänder umfasst (4). Die freien Enden werden unter die Bänder des Hakama auf der Seite gezogen (5), Nachdem man diesen Knoten gemacht hat, ist es möglich, eines der freien Enden auf einer Länge von 10 cm zusammenzufalten, es auf den gerade gemachten Knoten horizontal zu legen und das andere Ende herumzuwickeln, so dass ein Kreuz entsteht (s. S. 120).

 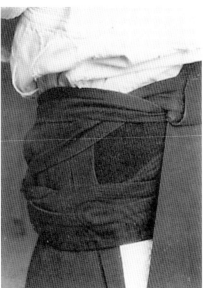

Falten des Hakama

1 • Die Falten des Hakama frei fallenlassen und den Schritt (innen) nach rechts legen
2 • Hakama-Vorderteil flach auf den Boden legen
3 • Hintere Falten zurechtlegen
4 • Hakama umdrehen
5 • Falten in Ordnung bringen, indem man in der Mitte beginnt.

1 • Glatt streichen
2 • Die Seiten nach innen umlegen
3 • Das untere Drittel zur Mitte zusammenfalten
4 • Das obere Drittel zur Mitte zusammenfalten
5 • Das Hakama vor sich ausrichten, das verstärkte Rückenteil (Koshi-ita) nach oben
6 • Vordere Bänder falten, links beginnen

  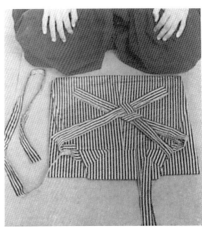
 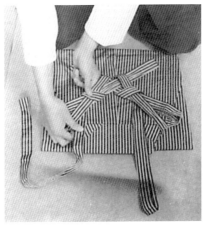 

7 • Das linke hintere Band zur Mitte hin und obendrauf bringen, um es in der Mitte nach oben herauskommen zu lassen
8 • 9 • Es nach links umschlagen und die Bänder umwickeln
10 • 11 • Gleiche Vorgangsweise auf der anderen Seite wiederholen
12 • Das linke Band wieder aufnehmen und es nach rechts unten führen.....

|13|14|
|15|16|

13 • indem man es unter die vorher gebildete Schlinge durchschiebt
14 • 15 • Gleichen Vorgang auf der anderen Seite wiederholen
16 • Wenn Sie den Erklärungen gut gefolgt sind, sollten Sie zu diesem Ergebnis kommen.

 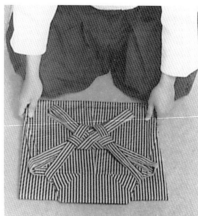

Jo • Tanto • Bokken • Katana • Iaito

Jo und Tanto

Die Maße und Form der Waffen sind nicht so genau fixiert, wie das in den klassischen Schulen (ryu) der Fall ist. Jeder wird sie unter Berücksichtigung des eigenen Körperbaus, des Haltens in der Hand und ihrer Ausgewogenheit auswählen.

Jo

Länge 128 cm
Durchmesser 2,6 cm
Diese Abmessungen sind nicht zwingend, aber sie sind das Ergebnis der Erfahrung. Man soll darauf achten, kein zu dünnes Jo zu verwenden, das zerbrechlich ist und gefährlich werden kann. Jedoch ist ein zu dickes Jo schwierig zu handhaben. Man kann weiße oder rote Eiche wählen, dabei muss man darauf achten, dass die Faser des Holzes über die ganze Länge läuft.

Tanto

Der Griff ist ungefähr 10 cm lang, die Klinge ungefähr 20 cm. Diese Abmessungen entsprechen den handlichsten Waffen.

In den Händen O Sensei ersetzte das Jo oft eine Lanze

Bokken oder Bokuto

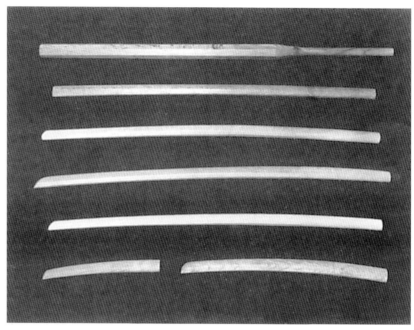

1 • Suburito
2 • Jigen Ryu
3 • 4 • Klassiche Bokken
5 • Chuto
6 • Shoto
7 • Tanto

Es ist der hölzerne Ersatz des Katana. Es wird im Aikido ohne Tsuba benützt. Man verwendet verschiedene Hölzer: weißes, rotes Eichenholz, Biwa (Mispelstrauch), Sunuke (Rosenholz), Kokutan (gemasertes Ebenholz) usw......

Es gibt verschiedene Formen, die je nach den ursprünglichen Schulen variieren: ittoryu, jigenryu, katorishintoryu usw.

Es gibt auch Spezialmodelle für Suburi, Tanrenuchi, Kumitachi.

Man kann das Bokken, das man bevorzugt, benutzen, aber – wie beim Schwert – sollte man es unter Berücksichtigung der eigenen Größe und der Hand auswählen. Ein Suburito jedoch sollte nicht beim normalen Training benutzt werden. Im allgemeinen ist ein gutes Bokken aus weißem Eichenholz ausreichend.

Katana

▲
Klassische Einfassung des Katana.
Tsuba: Higo, mit Wappen der Hosokawa

In dem Maße, indem Bokken und Shinai nicht das echte Gefühl vermitteln, das man mit einer richtigen Waffe empfindet, ist es gut, wann immer es möglich ist, mit einem echten Schwert oder in Ermangelung dessen mit einem Iai-to zu üben. Die Länge der Klinge wird wie folgt ausgerechnet: um die maximale Länge zu ermitteln, zieht man 90 cm von der Größe des Benutzers ab. Wegen Problemen bei der Handhabung zieht man üblicherweise weitere 8 cm von dieser Länge ab.

Beispiel: 175 − 90 = 85 cm
             85 − 8 = 77 cm.

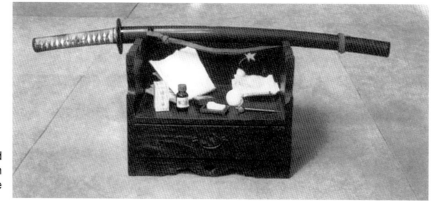

Katana und Reinigungszubehör auf einem Reinigungs-Katanakake

Pflege Nach der Übung ist es unerläßlich, die Klinge zu säubern.

• Fingerabdrücke, oder Ölspuren mit japanischem Papier, einem Flanelltuch oder auch einem sauberen Kleenex sorgfältig abwischen.

• Auf die Klinge Uchiko (sehr feines Poliersteinpulver) auftragen, dann diese mit einem anderen Papier abwischen.

• Einen dünnen Ölfilm auftragen. Gewöhnlich wird Gewürznelkenöl benutzt... In Ermangelung dessen ein feines, säurefreies Öl, zum Beispiel Vaselineöl verwenden. Vorsicht: kein Schusswaffenfett verwenden!

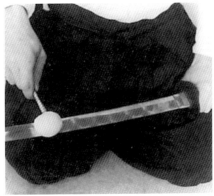

	3	4	5
	6	7	8
1	2	9	

1 • 2 • 3 • Das Schwert mit gleichmäßiger Bewegung herausziehen, das Futteral links ablegen
4 • 5 • Die Klinge sorgfältig abwischen, besonders Schneide und Spitze
6 • 7 • Uchike auf die ganze Klinge auftragen
8 • Zur Spitze aufwärts abwischen
9 • Gegebenenfalls die Klinge einölen

Auseinanderenhmen

1 • Mekuginuki
2 • auseinandergenommenes Mekuginuki
3 • Das Mekuginuki ermöglicht es, den Stift auszuschlagen
4 • abmontiert ermöglicht es, den wiederstrebenden oder schwer erreichbaren Stift auszuschlagen
5 • Ein kurzer Schlag auf das Handgelenk gibt dann die Klinge frei
6 • Man zieht das Hamaki heraus (siehe Register)
7 • So ist es möglich, die Klinge zu begutachten, die dann gereinigt, wieder zusammengesetzt und abgestellt wird

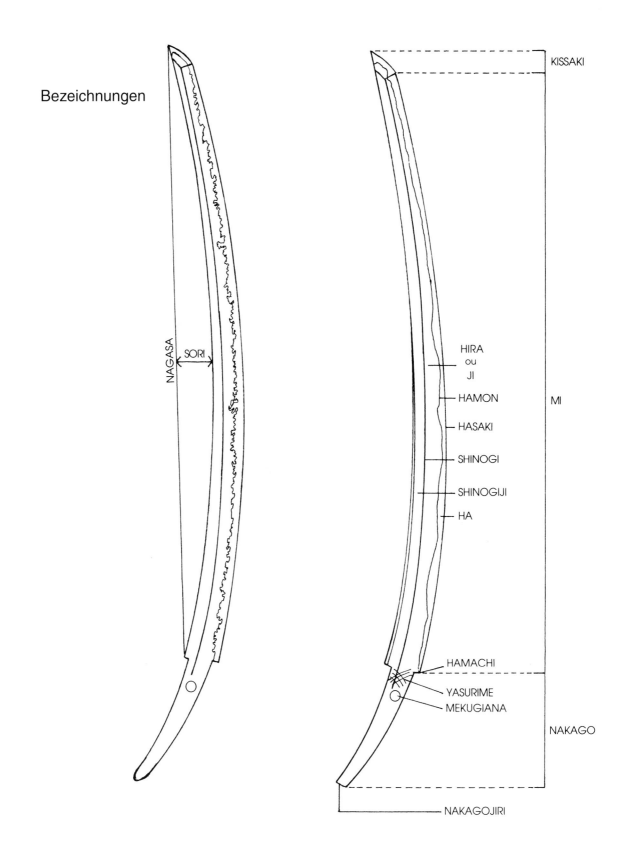

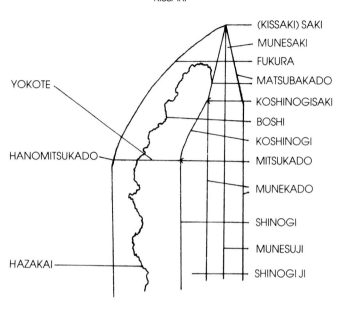

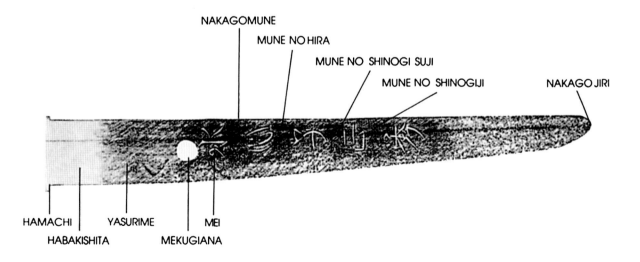

Aufbau

Tsuba : akasaka
Die Motive sho, chiku, bai:
Die Pinie, der Bambus und die
Pflaumenblüte
Symbole des Samurai

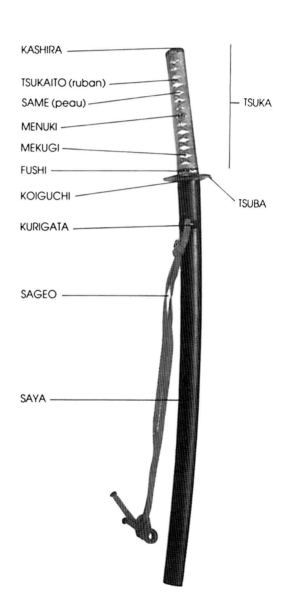

- KASHIRA
- TSUKAITO (ruban)
- SAME (peau)
- MENUKI
- MEKUGI
- FUSHI
- KOIGUCHI
- KURIGATA
- SAGEO
- SAYA
- TSUKA
- TSUBA

DIE LEHRE DES MORIHEI UESHIBA

O Sensei mit N. Tamura, Tokyo 1959

O Sensei hatte nicht die Pädagogik eines Schulmeisters. Es schien mir auch, dass seine Lehre dem traditionellen Fortschreiten der klassischen, japanischen Budo-Schulen nicht folgte.

O Sensei ließ sich nicht vom Training ablenken. Durch die Entdeckung des eigenen Ich hat er das wahre Aikido offenbart, damit sich, diesem Weg folgend, Friede in der Welt einstelle. Jeder war von der frommen Haltung von O Sensei beeindruckt, der niedergebeugt vor dem Altar der Götter mit kräftiger und klarer Stimme die Norito*) sang.

Seine alltägliche Lebensgestaltung, seine Worte eroberten das Herz seiner Schüler, und durch sie erstreckt sich sein Einfluß von jetzt ab über die ganze Welt, wo sie sich verstreut haben, um Aikido zu verbreiten.

Ich fürchte, dass zu der Zeit, als ich Uchi Dechi war, meine jungen Gefährten und ich selbst nicht wirklich die Fähigkeit besaßen zu verstehen, was O Sensei sagte. Er brachte seine Einfälle auf der Stelle zum Ausdruck, blitzschnell durch eine Geste oder ein Wort. Es ist zumindest das, was ich heute empfinde. Wir, die wir nicht auf der gleichen Entwicklungsstufe des Seins standen, verstanden nichts von diesen Worten, die aus einer anderen Dimension kamen. Doch, eigenartigerweise, scheinen diese Geistesblitze in unseren Herzen Wurzeln geschlagen zu haben, und zehn Jahre, zwanzig Jahre später, erscheinen sie flüchtig wieder und bekommen plötzlich einen Sinn.

Meistens erschien O Sensei voller Leben zum alltäglichen Training, verbeugte sich vor dem Altar, grüßte alle, dann zeigte er eine Technik an einem der Uchi Deshi oder einem der Hochgraduierten, die in seiner Reichweite waren. Wir sahen bloß einen Hochgraduierten in alle Richtungen fallen, aber die wirklichen Bewegungen von O Sensei waren uns entgangen. Wir hatten nicht einmal die Zeit festzustellen, in welcher Richtung wir uns zu bewegen hatten, als er bereits bei der nächsten Technik war. Die Anfänger waren völlig überfordert und verließen das Training oft mit dem Eindruck ständigen Hinfallens als einzige Erinnerung und voller Schmerzen in den Handgelenken oder in den Knien. Er lehrte weder Ukemi noch die Schritte. Es ist klar, dass er keinerlei Erklärungen über Taisabaki oder über die Techniken gab, und er verschwand wie der Wind am Ende des Trainings. Zu dieser Zeit fand ich das fürchterlich, aber es war gut so, denn es zwang uns, selbst zu arbeiten und vor allem besser hinzuschauen, besser zu sehen. Dagegen gibt es bei den Trainierenden immer welche, die gerne behilflich sind und erklären; sie blieben also nach dem Unterricht und erklärten uns die Handbewegungen oder die Feinheiten der Platzwechsel. Aber es sollte nicht alles für bare Münze genommen werden. Indem wir diese Erklärungen beim nächsten Mal mit der Arbeit von O Sensei verglichen, nahmen wir nach und nach viele Unterschiede wahr.

* Norito: Shinto Gebet

Es geschah, dass O Sensei, wenn ihn die Lust überkam... (vielleicht sollte ich mich nicht so ausdrücken, aber dies war mein Eindruck) ... während wir außerhalb der planmäßigen Unterrichtsstunden trainierten, kurz stehenblieb, um uns zu zeigen, wie man das Handgelenk bei Ikkyo zu fassen hat oder um uns auf die verschiedenen Fußstellungen in Hanmi-Positionen hinzuweisen, bevor er seinen Beschäftigungen weiter nachging. Später verstand ich, dass es sich um „Kuden", die mündliche Überlieferung handelte. Häufig fragte irgend ein Besucher O Sensei:
– Was ist Aikido?
Er antwortete:
– Maskatsu, Agatsu, Katsuhayahi!
Oder
– Es ist der Weg der Reinigung des Himmels und der Erde!
Oder auch stellte er sich in Hanmi-Position, eine Hand über den Kopf gehoben und rief aus:
– Das ist Aikido!
Was unsere Verwirrung noch mehr erhöhte! Jedoch Haltung und Worte durchdrangen unser Unbewusstes. Wenn ich es heute noch einmal überdenke, habe ich das Gefühl von einem in die Muttererde fest verwurzelten Baum, der seine Äste in den Himmel streckt. Aikido war da, im Schmelzpunkt zwischen dem Ki des Himmels und der Erde, wo der Himmel, die Erde und Ueshiba aufhörten zu sein... Er offenbarte vor unseren Augen diese Integration des Himmels und der Erde. Es geschah, dass er sich offenbar ärgerte und er sagte:
– Iriminage, das sieht sehr einfach aus, aber versuchen Sie zu verstehen, was ich alles durchmachen mußte, um es zu erschaffen... Für meine Ohren als junger Trainierender klang das wie die Geschichte eines alten Kämpfers. Erst heute kann ich seine Ansicht verstehen. Wie ein Vater lieferte er uns die kostbaren Früchte seiner Jahre des Suchens und forderte uns auf, Nutzen daraus zu ziehen, ohne Zeit zu verlieren. Wenn es vorkam, dass ein Nicht-Aikidoka ihn befragte oder ein Trainierender eines anderen Budo ihn bat, eine Technik, die er gerade gezeigt hatte, zu wiederholen oder anzuwenden, antwortete er:
– Gerne! Und beeilte sich eine ganz andere Technik auszuführen. Ich fand, dass er wirklich einen schlechten Charakter hatte... Aber es handelte sich nur um eine klare Antwort im Budo! Im Verlaufe einer Vorführung haben wir manchmal versucht, ihn zu überrumpeln, aber seine Augen funkelten derartig, dass wir uns verkrochen. Als junger Mensch war ich nicht besonders aufgeweckt.

Eines Tages, als ich O Sensei im Taxi begleitete und mir unser Ziel unbekannt war, geriet er in Zorn. Ich sagte mir:
– Ich begleite ihn, und er weiß nicht wohin er geht, was kann ich dafür? Aber nach reiflicher Überlegung habe ich mich gefragt, wozu dieser junge Gefährte nützlich sei, der unfähig war richtig zu begleiten. Das macht mir heute noch kalten Schweiß.
– Eines anderen Tages erklärte er vor allen Leuten: Aikido-Trainierende sind pervers!
Überrascht stellte sich jeder Fragen. Und wir, die Uchi Deshi, die überzeugt waren, unser Leben dem Aikido zu widmen, waren zutiefst beleidigt..... Heute jedoch beginne ich zu denken, dass er recht hatte. O Sensei hatte das Erbe seiner Eltern aufgebraucht, um das Budo, das ihn so sehr interessierte, zu studieren. Seine Bemerkung richtete sich an diese jungen Leute, die er von früh bis spät unter dem Vorwand des Aiki sich amüsieren sah! Aiki! Er mochte sich sagen, dass wir seinem Wege folgten, dennoch konnte er sich nicht enthalten zu denken, dass wir, so wie er selbst, pervers waren, dass wir aber zum Schluss vielleicht doch noch korrekt werden könnten.

Pervers! Ja, aber er sagte auch:
- Ich bin Aiki oder
- ich bin die Gottheit!
und mitten in die Umwälzungen, die der Niederlage folgten, waren wir nicht weit davon entfernt zu denken, dass dieser Greis, der von den alten Göttern sprach, in einer neuen unter amerikanischem Einfluss und von der modernen Wissenschaft beherrschten Welt, auf den Kopf gefallen war.
Diese totale Hingabe an die Gottheit, dieser Zustand der Verneinung des eigenen Ich, dies ist die Gottheit selbst. Dadurch wies er auf seine Teilnahme am göttlichen Plan hin. Wir waren viel zu klein, um irgend etwas davon zu verstehen. Vor dem Schlafengehen rief er die Uchi Deshi, um sich massieren zu lassen. Wir massierten ihn, bis uns die Daumen weh taten, es war aber nie genug, auch wenn wir zum Schluss eher Kokyu als Kraft anwendeten. Zu dieser Zeit gab es kaum Fernsehen, so dass wir gehalten waren, ihm Heldenromane vorzulesen. Die in diesen Romanen erwähnten Schwerthiebe lieferten öfters das Thema des Unterrichtes:
- „Jizuri no seigan" ist auf solche Weise beschrieben... Es ist aber total falsch. So müssen Sie es machen!, sagte er. Diejenigen, die beim Vorlesen des Vortages nicht zugegen waren, waren ratlos!...

Die Ushi Deshi sollten auch noch, nicht genug, dass sie ihm beim Umziehen vor und nach dem Training helfen mussten, vor ihm mit dem Umziehen fertig sein. Es war ein Bestandteil unserer Arbeit. Ich konnte mich nicht enthalten zu denken:
- Er könnte sich gefälligst allein umziehen!
Aber im Grunde hat es mir viel ge-

nützt, ich bin heute noch fähig mich äußerst schnell umzuziehen und diese Geschwindigkeit in den Handlungen ist wesentlich für einen Budoka. Seine Begleiter mussten beim Treppensteigen aufpassen, beim Hinaufsteigen hinter ihm gehen, um ihn mit einer Hand vorwärts zu schieben und das Gepäck in der anderen Hand zu tragen, was verhinderte, dass man die Hand zum Ausruhen wechseln konnte. Da er sich scheinbar mit seinem ganzen Gewicht auf uns stützte, kam einer von meinen Älteren auf die Idee, seine Hand urplötzlich wegzuziehen, indem er hoffte, ihn stolpern zu sehen... Er kam nicht auf seine Kosten... Beim Hinabsteigen musste man dann vor ihm gehen und ihm die rechte Schulter als Stütze geben. Er stütze sich mit der linken Hand darauf, damit seine Rechte frei blieb. Diese Einbeziehung der Übung in den Alltag ist nützlich, um das Ki zu schärfen, das Kokyu Ryoku zu entwickeln. Zu dieser Zeit entging mir all dies und ich empfand dafür keinerlei Dankbarkeit. Wahrscheinlich kam es vor, dass O Sensei dachte, ich wäre ein junges Fohlen in den Flegeljahren!
Ich habe soeben einige Erinnerungen von damals wachgerufen, wie sie mir gerade in den Sinn kamen. Die Pädagogik von O Sensei bestand einfach darin, seine Schüler am wahren Sinn seiner eigenen Suche teilnehmen zu lassen, indem er ihnen diesen unmittelbar darlegte. Also denke ich, dass die Schüler versuchen hätten sollen, ihn zu begreifen, über ihn zu meditieren, über ihn nachzudenken und vor allem ihren eigenen Weg zu finden, um darin Fortschritte zu machen.

◀◀ O Sensei, Iwama 1962
Diese Übung der Entwicklung des Ki stammen aus der Anfanszeit der Kampfkünste und finden sich im Trainingsprogramm der Sumo-Ringer
▼

Die Früchte seiner Askese flößten ihm Gesten und Worte ein, die, ohne ihr Wissen, das Herz seiner Schüler wie ein Keim durchdrangen, bis ihr inneres Wesen sich wandelte, so wie die gepressten Trauben zu Saft werden, die in ihrem Fass gären, bis es sich zum Wein, reich an Geschmack, Farbe und Aroma wandelt.

Ich habe mich bemüht, die Fragen, die man mir über die Art des Lehrens von O Sensei oft stellt, zu beantworten. Ich habe aber nur vermocht, die Liste meiner Irrtümer zusammenzustellen und in der Hoffnung, es könnte Sie nichtsdestotrotz daran hindern, diese zu wiederholen, habe ich mich entschlossen, sie zu veröffentlichen.

DER DRACHENKÖNIG

Amenomrakakumikukisamuhararyuo ist ein Werk des Malers Joyo.
Als glühender Verehrer von O Sensei, wollte er Gelegenheit haben, von ihm ein Bild zu malen.
O Sensei erwiderte auf sein Gesuch, indem er sagte:
„*Amenomrakakumikukisamuhararyuo* ist meine Schutzgottheit.
Bei meinem Tode werde ich mich mit ihr vereinigen.
Es ist also mein Portrait in der Welt der Seelen, das Du auszuführen hast."
Joyo betete zu den Göttern, bis die Eingebung sich ihm in Gestalt eines
göttlichen Drachens offenbarte.
Als das Werk unter dem Feuer der heiligen Eingebung vollendet war, brachte der Gründer beim
Anblick dieses Drachens seine tiefe Freude zum Ausdruck:
„Das bin ich, ich bin es wirklich!" rief er aus.
Der Gründer lebt weiter in dieser Form, die der lebendigste Ausdruck seines Ebenbildes ist.
Dieses große *Kakemono* wird einmal alle zwölf Jahre, anlässlich der Neujahrsfeiern des
Drachenjahres, besonders geehrt.

Nach einem Brief von Meister Shirata Rinjiro

NACHWORT

In Europa wird heute die Zahl der Lehrer und Lehranwärter immer grösser.

Für diejenigen, die wie ich diesen Weg verfolgen, ist es ein Grund, sich zu freuen und sich in dieser Richtung bestätigt zu fühlen.

Vor circa 20 Jahren, als ich in Marseille landete, hätte ich mir nicht solch ein Schicksal vorstellen können. Aber obwohl Aikido sich dermassen entwickelt hat, scheint es, daß kein Fortschritt gemacht wurde, was solch einfache Handlungen betrifft, wie die Art das Keikogi zu tragen, das Hakama zu falten oder eine Urkunde in Empfang zu nehmen.

Aikido ist, so sagt man, der Weg der Übung des Körpers und des Geistes. Wie und warum? Durch welche Methode kann man diesen Weg denjenigen, die uns in dieser Richtung folgen, übermitteln? Es ist offensichtlich, dass das nicht richtig wahrgenommen wird. Es ist meine Empfindung, dass sich, wenn wir diese Sache auf sich beruhen lassen, das Wissen der Elementarkenntnisse gleichzeitig mit der Erhöhung der Anzahl der Übenden verringern wird.... Es ist möglich, dass ich immer dasselbe wiederhole, aber die Feststellung dieses Mangels hat mich dazu getrieben, das zu schreiben, was Sie gerade gelesen haben.

Ich habe nicht mehr die Möglichkeit, wie damals, mich mit jedem einzelnen zu befassen und Schweiß und Anstrengung der Übungen zu teilen, und ich kann Sie nur bitten, sich mit diesem Ersatz zu begnügen. Vorstehendes ist nicht meine Erfindung, es ist auch nicht eine neue Methode, alle Japaner meiner Generation haben eine solche Erziehung erhalten. Die Niederlage von 1945 ist für alle Japaner ein unglaubliches Ereignis gewesen, das die Einführung der bis dahin unbekannten Demokratie und der westlichen Erziehung hervorbrachte. Jener plötzliche Einbruch hat die Strukturen und die traditionelle Erziehung erschüttert, die dann zum größten Teil vernachlässigt wurden.

So wie Sensei Osawa es in seinen Äußerungen ausdrückt, die niederschreiben zu dürfen er mir die Ehre erwiesen hat: - ein Buch zu veröffentlichen, ist grundsätzlich ein Fehler. Das Geschriebene ist nicht die Sache an sich, es ist schon vergangen. Kalt und erstarrt wie Eis, ist es nicht lebendig. Man soll also das Geschriebene in sich aufnehmen und es an der Wärme seines eigenes Herzens erwärmen. Das Eis schmilzt zu Wasser, das Wasser verwandelt sich in Dampf und kann wieder frei genutzt werden. Darum habe ich dieses Buch geschrieben. Es bleibt Ihnen nur noch, es gänzlich zu vergessen und aus Ihren Gedanken zu löschen. Und schließlich möchte ich denjenigen, die mir geholfen haben, danken: Stéphane Benedetti, René Bonnardel, Philippe Lam Tam Dan, A. Mamy Rahaga und allen anderen Mitarbeitern an diesem Werk.

N. TAMURA

Der Autor und der Herausgeber danken
dem Nihon Budokan
und dem Nihon Kobudokyokai
für die Fotos der Seiten 64 und 75.

Gedruckt bei Druckerei Peter Dorner, Wien, Austria.

Nach dem Entwurf von
Stéphane Benedetti und René Bonnardel.

Die Übersetzung ins Französische
stammt von Stéphane Benedetti.

Die Übersetzung aus dem Französischen ins Deutsche
von Monique und Kurt Arabin.
Überarbeitet von Dr. Christa Petschko.

Fotos René Bonnardel, in Aix mit Ausnahme von
l'Aurore: Seite 105
J. Colombani: Seite 50, 76, 102
Marc Coudurier - Curveur: Seite 45
Richard S. Duncan: Seite 55
Gaston Guyot: Seite 92
Marc Letissier: Seite 15, 17, 80
Akihiro Tamura: Seite 16, 17, 20, 21, 26, 27, 46, 58, 106,
107, 109, 138
Philippe Voarino: Seite 48, 110
Photos X: Seite 4, 7, 12, 14, 22, 24, 25, 29, 31, 32, 34, 41,
49, 54, 59, 60, 61, 63, 64, 66, 67, 68, 69, 70, 71, 72, 73,
74, 75, 104, 106, 107, 108, 112, 127, 136, 140, 141, 142

Herausgeber und Verleger:
Aikido Shumeikan Wien Dojo, 1030 Wien

Urheberrechtlich gesichert

1. Ausgabe Mai 2000